RAPPORT

DU LIEUTENANT-GÉNÉRAL BALDISSERA

Gouverneur de l'Erythrée

SUR LES OPÉRATIONS MILITAIRES

DE LA

CAMPAGNE D'AFRIQUE

(Seconde Période, 1895-96)

AVEC 6 CARTES COLORIÉES HORS TEXTE

PARIS

HENRI CHARLES-LAVAUZELLE

Éditeur militaire

118, Boulevard Saint-Germain, Rue Danton, 10

(MÊME MAISON A LIMOGES)

RAPPORT

DU LIEUTENANT-GÉNÉRAL BALDISSERA

Gouverneur de l'Erythrée

SUR LES OPÉRATIONS MILITAIRES

DE LA

CAMPAGNE D'AFRIQUE

—

(Seconde période, 1895-96)

RAPPORT

DU LIEUTENANT-GÉNÉRAL BALDISSERA

Gouverneur de l'Erythrée

SUR LES OPÉRATIONS MILITAIRES

DE LA

CAMPAGNE D'AFRIQUE

(Seconde Période, 1895-96)

AVEC 6 CARTES COLORIÉES HORS TEXTE

PARIS

Henri CHARLES-LAVAUZELLE

Éditeur militaire

11, Place Saint-André-des-Arts, 11

(Même maison à Limoges.)

RAPPORT

DU LIEUTENANT-GÉNÉRAL BALDISSERA

Gouverneur de l'Erythrée

SUR LES OPÉRATIONS MILITAIRES

DE LA

CAMPAGNE D'AFRIQUE

(Seconde période, 1895-96)

Massaouah, le 30 juin 1896.

On peut considérer comme se divisant en quatre phases
les opérations militaires ayant eu lieu pendant la seconde
période de la campagne de guerre qui vient de se terminer.
Cette période commence aussitôt après la bataille d'Adoua,
c'est-à-dire au moment où j'ai pris le commandement en
chef des forces militaires ainsi que les pouvoirs civils et
politiques de la colonie et s'étend jusqu'à la dislocation
et au rapatriement du corps d'opération.

PREMIÈRE PHASE (mois de mars). — Rassemblement et
réorganisation des forces mobiles autour d'Asmara et de
Ghinda, où elles prennent une position défensive. Préparation du corps d'opération à se porter en avant. Envoi de
troupes au secours de Kassala.

DEUXIÈME PHASE (mois d'avril). — Déplacement lent et
par échelons (par suite du manque d'eau et à cause des difficultés des ravitaillements) de la ligne Asmara-Ghinda à

la ligne plus avancée, Mai-Serau Adi-Caié. Halte sur ce front pour donner le temps de constituer une forte réserve de vivres à Adi-Caié.

TROISIÈME PHASE (de fin d'avril au 20 mai). — Mouvement en avant du corps d'opération de Adi-Caié jusqu'à la combe d'Adigrat, pour délivrer la garnison de ce fort, et en même temps démonstration vers Adoua; halte dans la combe d'Adigrat pour imposer la mise en liberté des prisonniers restés dans le Tigrè.

QUATRIÈME PHASE (du 20 mai au commencement de juin). — Le corps d'opération se replie sur Adi-Caié; mouvements nécessités par le rapatriement du gros du corps d'opération.

I

Lorsque, dans les premiers jours du mois de mars dernier, j'arrivai ici, la situation, comme j'ai eu l'honneur d'en rendre compte à Votre Excellence, par mon télégramme du 5, militairement et politiquement, était plutôt grave.

Les débris du corps d'opération qui avait combattu à Adoua, se rassemblaient à Asmara et à Massaouah.

En fait de troupes intactes, mais en partie plus ou moins ébranlées, nous n'avions dans la colonie que les détachements suivants :

5 bataillons qui s'étaient repliés de Mai-Maret à Adi-Caié;

1 bataillon à Saganeiti;

1 bataillon à Adi-Ugri;

11 bataillons et 2 batteries à Asmara;

2 bataillons entre Asmara et Massaouah;

1 bataillon et 1 section indigènes à Chenafenà;

Les bandes du Seraè à Adi-Qualà;

1 bataillon et 1 section indigènes à Kassala;

SITUATION GÉNÉRALE

Au 6 Mars 1896

Echelle au 1/1.950.000

Filik

Gubet

Tuera

M.Mokrum

Cassala

Subderat

Ata-Dai

Biscia

Barca

Agordat

Cheren

MASSAUA

Obel

Moncullo

Archico

Dogali

Saati

chf.Dorkona

Sabarguma

Asmara

Otumlo

Nefasit

Ghinda

Bioren

Sciotel

Monsura

Belesa

Adi Chiva

Saganeiti

Halai

Debarua

Gura

Godofelassi

Adi Ugri

Changallit

Adigana

Mai Lam

Gundet

Adiquala

Barto Tarno

Senafé

Efesoi

Aduquala

Belesa

Mai Cini

Macuchugum

Bara Tucli

Dag Aros

Adigrat

P.Cassiarchi

Entisciò

Axum

Aduu

Mareb

Hauzen

Adi Audeì

FORCES ITALIENNES

Bataillons réguliers indigènes (1,2,3,5,7,8,)

Compagnies indigènes de Milice mobile (1,2,7,)

Groupes de Chitet et Bandes indigènes

Bataillons italiens d'infanterie (bragliere (Bt.Spinola)

Compagnie du Genie

Batteries de montagne italiennes

Batterie, section de montagne indigène.

Peloton de cavalerie indigène

FORCES ENNEMIES

Groupes de forces chaonnes et tigrines.

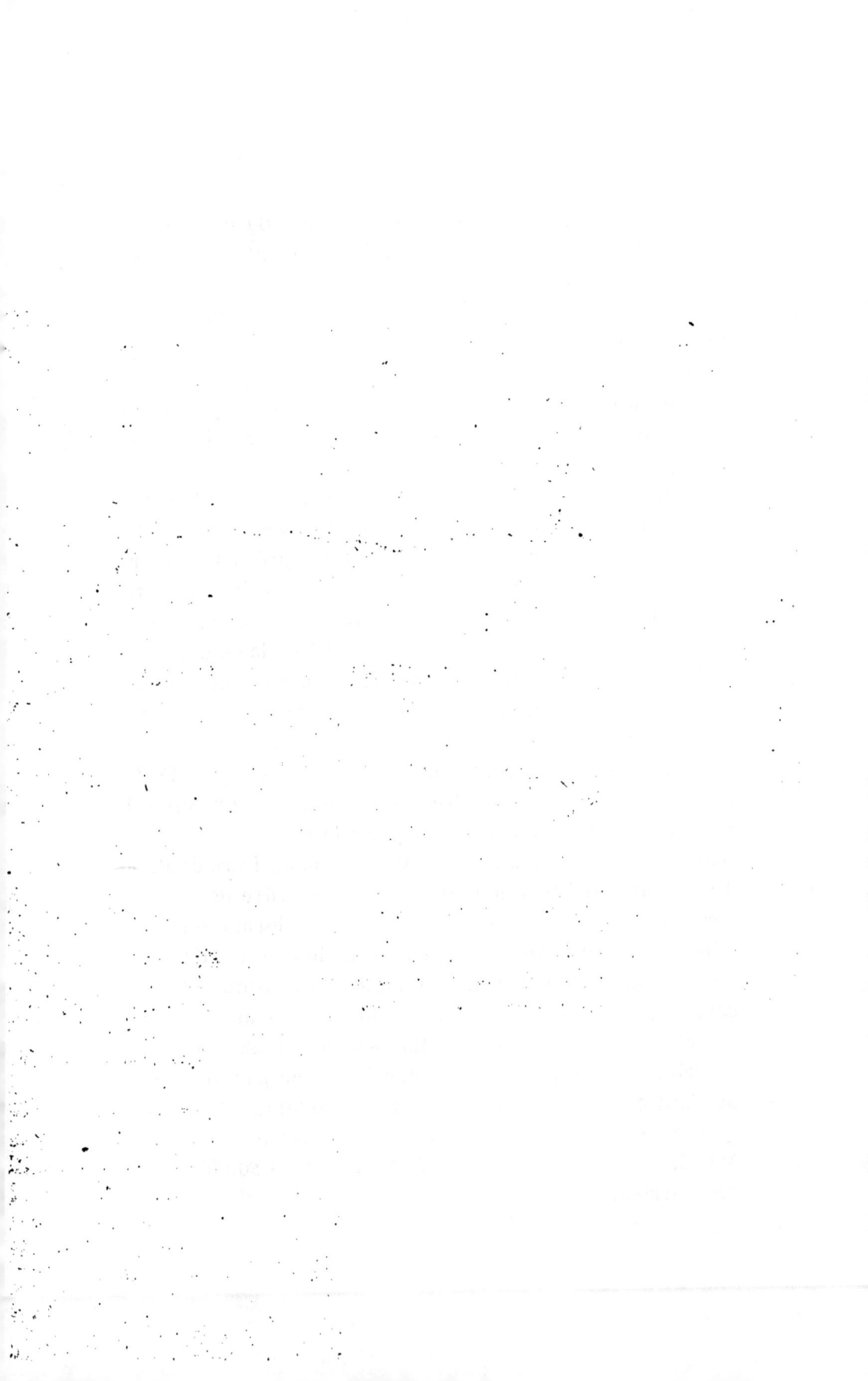

Quelques fractions de milice mobile, du chitet et de cavalerie disséminées çà et là dans la colonie;

Le bataillon de chasseurs, avec plus de 300 malades et n'ayant des vivres que pour un mois, était entouré par les rebelles, dans Adigrat;

D'autres troupes de renfort étaient en voyage ou allaient partir d'Italie.

Les croquis et tableaux joints à ce rapport représentent la dislocation, la formation et l'effectif des troupes, dans les premiers jours de mars. (Voir aux pièces justificatives.)

Quant à l'armée ennemie, l'ensemble des nouvelles qui nous étaient parvenues, et qui se sont trouvées pleinement confirmées par la suite, prouvait qu'elle se préparait à marcher sur Gura, afin de profiter de la victoire qu'elle venait de remporter et de notre difficile situation du moment, pour essayer ensuite de pénétrer dans le cœur de la colonie.

On savait, en effet, que, dans un conseil tenu par le négus, à Adoua, on avait décidé un mouvement en avant vers le Seraè et l'Oculé-Cusai; que Ligg Agos Abbadanà, sous-chef de Baianè, qui s'était séparé de nous depuis 1891, avait été chargé de se rendre dans le Mareb pour voir s'il y avait de l'eau et pour faire préparer la route sur la directrice de Gundet. On savait que Asmac Singal, frère de Bata Agos, était parti le 3 mars d'Adoua, avec ordre de se diriger vers le Belesa, pour recueillir des informations sur l'état de la route dite du négus, laquelle conduit de Gandapta et Entiscio vers Gura, en passant par Addis-Adi. On savait que, le 5, toute l'armée choanne s'était mise en marche, en se dirigeant vers Entiscio, sur deux colonnes; la principale, avec le négus, devait passer par Mai Cioo et l'autre, avec ras Maconnen par Gandapta. On savait que la première de ces colonnes s'était ensuite arrêtée à Mai Cioo, tandis que l'autre, forte d'environ 20.000 hommes, arrivait, le 8, à Entiscio.

On savait en outre que, le 6, degiac Area de Essaà avait occupé Darotaclé et poussait une pointe vers le Mareb. On savait enfin que la ligne du Belesa avait été occupée par asmac Abarrà, par Agos Tafari et par un fitaurari (1) du négus, tandis que ras Sebath, avec le gros de ses forces, avait occupé Mai-Maret en lançant des troupes vers Dongollo et Gullabà et intercepté ainsi toute communication avec Adigrat.

Pendant ce temps, on voyait se manifester, dans l'intérieur de l'Oculé-Cusai des symptômes de rebellion que fomentaient nos adversaires dans le but de favoriser la marche en avant du négus.

Indépendamment de cela, vers la frontière occidentale, dès les mois de janvier et de février, ainsi qu'il résulte du rapport du commandant de la garnison de Kassala (voir annexe n° 1; documents sur Kassala), la situation devenait chaque jour plus menaçante. Les étendards des Derviches s'étaient réunis à Osobri et à Gos Regeb, sur l'Atbara. Un gros corps du Ghedaref, fort de plus de 5.000 fusils, et 1.000 lances, commandé par Ahmed Fadil, s'était dirigé vers le Gasc, et avait, avec son avant-garde, attaqué et repoussé, le 22 février, notre détachement de Gullusit et de Tucruf, et s'y était construit des retranchements. Osman Digma réunissait ses troupes à Adaramà. Des razzias de la cavalerie derviche étaient signalées vers le haut Ombol. Kassala était menacé.

Dans cette situation, extrêmement délicate et hérissée de difficultés, les nécessités auxquelles il fallait pourvoir, avant tout, étaient :

a) Délivrer la garnison d'Adigrat ;

b) Réorganiser les débris du corps d'opération qui avait combattu à Adoua ;

---

(1) *Fitaurari* veut dire général d'avant-garde. (Note du traducteur.)

c) Couvrir la colonie, menacée dans son point le plus vital, par le mouvement en avant du négus ;

d) Ouvrir avec l'ennemi des négociations pour la paix, dans le but essentiel de gagner du temps et de tenter d'obtenir la libération de nos prisonniers et l'ensevelissement de nos morts ;

e) Secourir Kassala.

Je songeai à tenter de délivrer la garnison d'Adigrat par une opération hardie, qui aurait été exécutée par un parti peu nombreux de troupes indigènes, soutenues et appuyées par les cinq bataillons d'infanterie qui se trouvaient à Adi-Caié, sous le commandement du colonel de Boccard.

J'aurais voulu confier cette mission au 5e bataillon, l'unique troupe indigène qui, n'ayant pas pris part à la bataille d'Adoua, se trouvait disponible et occupait, à ce moment-là, Chenafenà. Mais le commandant de ce bataillon, étant donné l'état de fatigue de sa troupe, ne pouvait pas lui demander immédiatement un effort aussi énergique. Alors je chargeai de la conduite de cette opération le capitaine de Bernardis qui, à la tête d'une compagnie de milice mobile des bandes et du chitet (environ 700 fusils en tout) gardait le passage de Cascassé, entre Adi-Caié et Sénafé. Mais ces troupes, elles aussi, furent reconnues hors d'état de mener à bien l'entreprise projetée.

Avec les débris des troupes italiennes qui avaient combattu à Adoua et qui peu à peu se rassemblaient, on put constituer cinq bataillons (quatre d'infanterie avec lesquels on forma le 6e régiment, et un de bersagliers qui fut destiné à faire partie du 1er régiment de bersagliers). Dans un des bataillons d'infanterie furent incorporés les survivants du bataillon alpin.

Ces cinq bataillons atteignirent en peu de jours l'effectif total de 3.260 hommes.

Les survivants de l'artillerie furent momentanément

affectés au service des forts et plus tard on les incorpora dans les nouvelles batteries venues d'Italie.

Quant aux troupes indigènes, avec les survivants des bataillons qui avaient combattu à Adoua, on reconstitua les mêmes bataillons, excepté celui de milice mobile qui fut supprimé et dont les hommes furent répartis dans les autres bataillons. Avec les survivants des batteries indigènes, on put, en employant la section qui n'avait pas pris part au combat et en utilisant le matériel existant dans le fort de Saganeiti, organiser une nouvelle batterie indigène de 6 pièces.

La marche de l'armée choanne vers Gura qui, comme je viens de le dire, avait été non seulement confirmée par de nombreuses informations concordantes, mais qui même avait eu un commencement d'exécution, était certainement le plus grand péril qui pût, en ce moment, menacer la colonie.

En effet, dans cette localité, l'ennemi aurait trouvé, plus que partout ailleurs, de l'eau et des vivres relativement en abondance. Par suite, il aurait pu s'y établir pendant quelque temps, même avec des forces considérables; il lui aurait donc été facile de menacer, de cette localité, plus directement et plus facilement, notre base d'opérations Massaouah-Asmara, base déjà très faible par elle-même.

En face d'une situation si menaçante, il fallait avant tout gagner du temps.

C'est pour ce motif et c'est aussi dans le but d'obtenir la libération de nos prisonniers et l'ensevelissement de nos morts sur le champ de bataille que, à peine arrivé à Massaouah, j'envoyai le major Salsa au camp ennemi, après lui avoir donné les instructions nécessaires pour ouvrir les négociations et jeter les bases d'un traité de paix. En agissant ainsi, je voulais en outre faire parvenir des secours à ceux de nos blessés qui étaient prisonniers. J'envoyai aussi des médecins, des médicaments et, quelques jours après, des vêtements.

Je crois inutile d'exposer ici la marche de ces négociations, puisque j'en ai informé Votre Excellence au fur et à mesure qu'elles se poursuivaient. Toutefois, je ferai remarquer qu'elles n'ont eu aucun résultat, puisque, pendant qu'elles traînaient en longueur, presque tous nos prisonniers ont été emmenés dans l'intérieur du Choa; puisque nous n'avons pas pu, à ce moment-là, ensevelir nos morts, soit à cause de la continuation des hostilités, soit à cause de l'état des cadavres dans les premiers jours qui suivirent la bataille.

Comme je considérais que les quelques troupes qui garnissaient alors notre front Adi-Caiè-Saganeiti-Adi-Ugri étaient incapables de s'opposer à la marche de l'ennemi sur Gura, et comme il était impossible de les renforcer en ce moment avec d'autres troupes, je pris la résolution de répartir une partie du corps d'opération entre Ghinda et Baresa, en plaçant des postes avancés aux passages situés à l'est et à l'ouest du massif du Bizen et en installant une forte réserve entre Ghinda et Saati, à cheval de la directrice de marche Gura-Saati, afin de couvrir directement et avec efficacité la ligne Asmara-Massaouah. J'échelonnai les forces restantes entre Gura et Asmara pour couvrir cette dernière localité et pour menacer, en même temps, le flanc gauche de l'ennemi s'il se dirigeait vers le nord.

C'est dans cet ordre d'idées que je fis replier sur Asmara, pour les diriger ensuite sur Sabarguma, quatre des cinq bataillons qui se trouvaient encore à Adi-Caié, abandonnant ainsi cette localité qui aurait été trop exposée aux menaces de l'ennemi et maintenant comme seuls postes avancés Saganeiti et Adi-Ugri. L'autre bataillon, provenant de Adi-Caié, était au contraire laissé à Decamerè, point qu'il fallait garder.

En même temps, je poussais en avant, à Marahano et à Scichet, les 1re et 2e brigades d'infanterie qui se trouvaient déjà concentrées à Asmara. Plus tard, la 1re brigade se transporta de Marahano à Ad-Auscià. Ces déplacements, tout en répondant à l'idée exposée plus haut, étaient encore conseillés par la nécessité. A cause de la pénurie d'eau et de bois, il fallait diminuer le nombre d'hommes rassemblés autour d'Asmara.

Pendant ce temps, avec les dernières troupes débarquées et avec celles qui arrivaient, je faisais occuper et renforcer la ligne de défense Ghinda-Baresa en installant des postes avancés à Nefasit, Mogat et Mamba. Le 6e régiment d'infanterie qui, comme je l'ai dit, avait été constitué avec les survivants du premier corps d'opération et qui avait déjà été transféré d'Asmara à Saati, était désigné pour tenir garnison à Massaouah et à Archico.

En même temps, on reconstruisait et on armait les forts abandonnés de Archico, Victor-Emmanuel et Saati; on renforçait les défenses d'Asmara; on complétait l'organisation des troupes et des divers services, ainsi que l'organisation défensive des positions occupées.

Dès que cela fut possible, on constitua les divisions, en affectant, à la première, les troupes échelonnées entre Asmara, Marahano et Scichet et la 1re brigade de trois batteries; la deuxième division fut formée par les troupes échelonnées entre Saati, Ghinda et Saganeiti et les deux autres brigades de batteries. Pendant ce temps-là, l'ennemi qui, le 8 mars, était arrivé avec 20.000 hommes à Entiscio et avait le gros de ses forces à Mai-Cioo, n'avait pas poussé plus loin son mouvement offensif commencé. Au contraire, vers le 12, toute son armée se concentrait à Faras-Mai, d'où ensuite, vers le 20, il commençait lentement son mouvement de retraite, dans la direction du Choa, en laissant dans le Tigrè, indépendamment de ras Sebath et Agos Tafari, les ras Mangascià et Alula et tous les chefs tigrins qui se trouvaient dans le Choa avant la guerre (en tout de 10 à 12.000 hommes).

Plusieurs raisons peuvent avoir amené le négus à arrêter sa marche offensive déjà commencée et à battre en retraite avec le gros de son armée ; ce qu'il y a de certain (et des informations dignes de foi nous le prouvent), c'est qu'il a été très impressionné en apprenant la nouvelle, peut-être exagérée, de l'importance des renforts que nous avions reçus et de ceux qui se préparaient à partir d'Italie.

D'autre part, il est absolument prouvé que les chefs envoyés en avant, pour recueillir des informations sur l'état des routes et des ressources en eau, lui avaient adressé des rapports de nature telle qu'ils lui déconseillaient de se porter en avant. Ces chefs pouvaient être eux-mêmes peu disposés à la continuation de la guerre ; peut-être repondaient-ils aux vœux de la population dont le territoire aurait dû subir les conséquences de l'invasion choanne ; peut-être enfin allaient-ils au devant des désirs du négus.

D'ailleurs, on sut de source certaine, dans ces derniers jours, que le négus en passant, vers le milieu du mois de mai dernier, près de l'important sanctuaire de Ambasel (un peu au nord de Borumieda), adressa ces paroles au prieur Memer Uoldenchiel, natif du Séraè, qui était allé au devant de lui, avec tout son clergé, pour lui rendre hommage : « Nous étions bien près de ton pays et nous voulions y aller ; mais je ne le pus pas, d'abord à cause du manque d'eau et puis parce qu'il était arrivé beaucoup d'ennemis nouveaux, et, comme tu le sais, je n'aime pas à répandre le sang. »

Enfin les décisions de Ménélik peuvent encore avoir été influencées par les conditions matérielles et morales de son armée qui commençait à présenter quelques symptômes de fatigue et de mécontentement, car les soldats désiraient rentrer dans leur propre pays.

Voyant que les dangers dont nous menaçait l'armée

choanne s'éloignaient de plus en plus, je crus opportun de
modifier les emplacements des troupes, selon les exigences de l'hygiène et du bien-être des hommes, car les
premières positions avaient été prises d'après des considé-
tions d'ordre purement militaire.

On parcourut et on reconnut en tous sens la vaste zone
comprise entre Asmara, Seichet, Gura, Saganeiti, Baresa,
Ghinda pour y trouver des localités pouvant fournir de
bons campements. L'eau, surtout, faisait défaut, par suite
de la sécheresse exceptionnelle de cette année.

Toutefois, tous les commandants de troupes s'étant
chargés de me seconder dans ces recherches, et grâce au
concours intelligent et actif des compagnies du génie, on
put trouver et organiser de bons campements ayant de
l'eau en quantité suffisante, et même, dans certaines localités, l'eau fut assez abondante pour suffire aux besoins des
hommes et de nombreux convois. Naturellement, l'obligation de subordonner le choix des campements à l'existence des ressources en eau, eut pour conséquence de
disséminer les troupes et, par suite, de les éloigner des magasins de ravitaillement. Mais c'était là une impérieuse
nécessité, et l'on pouvait faire face aux difficultés crois-
santes du réapprovisionnement en vivres, comme on le fit
d'ailleurs, en augmentant d'une façon convenable, les
bêtes de somme et de trait.

Les derniers détachements, destinés à renforcer le corps
d'opération, étaient tous arrivés. Les commandements et
les divers services étaient presque organisés; les troupes
étaient entraînées; d'autre part, l'armée ennemie semblait
de plus en plus s'éloigner. Le moment me parut alors
venu d'étudier la marche du corps d'opération vers Adi-
Caié, dans le but de commencer, de ce point, une marche
offensive vers Adigrat, pour en délivrer la garnison, dont
les conditions devenaient chaque jour plus difficiles, puisque les négociations entamées avec le négus n'avaient pas

abouti à la conclusion de la paix. D'ailleurs, il était évident, et cela nous a été prouvé dans la suite, par l'attitude nettement hostile qu'ont eue envers nous, au dernier moment, les chefs tigrins, il était évident, dis-je, qu'il n'aurait pas été possible de négocier avec eux et d'obtenir, autrement que par la force, la libération de cette garnison.

Pour préparer et faciliter ce mouvement, j'ordonnai tout d'abord au commandant de la 2e division d'envoyer de Sabarguma à Saganeiti les quatre bataillons commandés par le colonel de Boccard, en les faisant précéder par le 1er bataillon indigène. Je lui donnai également l'ordre de faire remettre en état, par les trois compagnies du génie et les sapeurs des corps de troupe sous ses ordres, la route dite *route égyptienne*. Saati - Baresa - Aidereso - Caiacor - Saganeiti, dans le but d'en faire une ligne de ravitaillement. En même temps, je prescrivis à l'intendance de préparer tout ce qu'il fallait pour ravitailler le corps d'opération par les deux lignes Saati - Aidereso - Saganeiti et Archico - Maio - Adi-Caié.

Puis, le 24 mars, je partis d'Asmara avec 2 officiers et 140 hommes des bandes de l'Hamasen et de l'Oculé-Cusai. Je suivis l'itinéraire Saganeiti - Adi-Caié - Toconda et, de là, par Mai-Serau et Gura, je revins à Asmara, où j'arrivai le 28, après avoir reconnu les routes et les points d'eau de toute cette région. Je dus me convaincre que l'eau était très rare même dans cette zone, que le bois faisait défaut presque partout, et que, sans travaux préparatoires, il aurait été impossible d'y organiser des campements pour de fortes unités.

Les localités, qui, après les réparations indispensables faites aux routes, l'organisation des prises d'eau et la récolte du bois, me parurent devoir fournir les meilleurs campements, furent Saganeiti, Gura, Adi-Caié et Mai-Serau.

Pendant ce temps, du côté de Kassala, la situation allait

toujours en s'aggravant. Les Derviches, enhardis par la victoire des Choans sur nos troupes, avaient, au commencement de mars, entouré de plus près notre fort.

Nos troupes cantonnées à ce moment-là de Kassala à Keren étaient les suivantes : 2e bataillon indigène avec une section de montagne et un détachement d'artilleurs à Kassala ; un détachement de 70 irréguliers et de 30 cavaliers indigènes à Sabderat ; un détachement de 120 hommes, tant *réguliers que provenant du chitet, à Ela-Dal ; une compagnie de milice mobile avec un détachement d'artilleurs et 100 irréguliers à Agordat ;* une garnison d'environ 600 hommes (compagnie présidiaire, milice mobile, chitet et peloton de cavalerie) à Kéren.

N'ayant point, en ce moment, de troupes indigènes disponibles pour les envoyer dans cette direction, et comme le manque d'eau et la haute température, due à la saison, déjà avancée, ne permettaient pas d'employer dans cette zone des troupes italiennes, j'ordonnai que la caravane mensuelle de 400 chameaux, destinée à ravitailler le fort, qui était déjà prête à Agordat, fût augmentée d'un certain nombre de bêtes de somme, les unes chargées de vivres, les autres haut-le-pied et se dirigeât vers Kassala sous l'escorte de presque toutes les forces mobiles échelonnées le long de la ligne Kéren-Kassala.

Cette caravane avait le double but de réapprovisionner *abondamment le fort et d'en faire sortir les malades, les familles des soldats indigènes,* et, en somme, tout ce qui *constituait un élément de faiblesse. Et comme le comman*dant de Kassala avait déclaré que, grâce à ces mesures, il *comptait pouvoir résister jusqu'à la crue de l'Atbara, la*quelle, selon l'opinion générale, devait amener les Derviches à se retirer, il en résultait que si cette caravane réussissait dans son entreprise, on pouvait renvoyer à l'époque des pluies toute décision concernant l'abandon du fort et éviter ainsi toutes les difficultés et tous les dangers qu'une semblable opération aurait présentés, s'il avait fallu l'effectuer en étant serré de près par les Derviches.

Mais, étant donnée la situation du moment, il n'était pas facile de faire entrer une aussi longue caravane dans Kassala, puis de l'en faire sortir avec les malades, les femmes, etc.

En effet, pendant que cette caravane se constituait et se complétait, le 8 mars, un certain nombre de cavaliers derviches tentaient d'incendier le mont Mocram, et, le soir du même jour, environ 600 Derviches attaquaient Sabderat et coupaient la ligne télégraphique qui passe par Sabderat et El Dal.

L'attaque de Sabderat fut repoussée par des cavaliers indigènes et par des hommes de la bande de Ali Nurin, dirigés par les télégraphistes du génie de cette station.

Quelques jours de calme succédèrent à cette attaque. Il fallait en profiter en accélérant le mouvement de la caravane. Celle-ci, composée de 600 chameaux et munie d'une escorte convenable, partait le 11 d'Agordat et dans la nuit du 15 au 16 entrait dans Kassala.

Il fallait en préparer la sortie. A cet effet, dès le 14, j'avais ordonné au commandant de la garnison d'Agordat, de se transporter à Sabderat, avec toutes les forces mobiles dont il pouvait disposer, et je lui prescrivis de s'entendre avec le commandant de Kassala pour la sortie de la caravane, sortie qui aurait dû s'effectuer le 18 ou le 19.

Pendant ce temps-là, à part quelques petites démonstrations faites autour de Kassala, les Derviches n'avaient pas donné signe de vie.

Mais dans l'après-midi du 17, ils allèrent avec une colonne occuper le mont Mocram et la Cadmia; une seconde colonne s'avança sur la route Kassala-Sabderat et une troisième, forte de 1,800 hommes, tournant au nord du mont Mocram et de Sabderat, menaça cette dernière position du côté de Matané. Et de fait, cette dernière colonne, dans la nuit du 18 au 19, attaqua Sabderat. Cette fois encore, les télégraphistes du génie avec 20 cavaliers indigènes, 50 hommes de la bande de Ali Nurin et 50 soldats du chitet, ayant pris position sur le mont qui est au-dessus des puits et domine la route, repoussèrent l'attaque des Derviches, en leur infligeant de nombreuses pertes.

Le jour suivant, le commandant de Kassala, voyant la route débarrassée, envoya une de ses compagnies, avec des vivres et des munitions pour plusieurs jours, afin de renforcer le poste de Sabderat, car toutes les informations étaient d'accord pour assurer que les Derviches devaient renouveler leur attaque.

Prévoyant ces difficultés et considérant qu'il était de la plus haute importance de permettre à la caravane de sortir du fort, après avoir réorganisé le mieux possible les bataillons indigènes qui avaient combattu à Adoua, j'avais, depuis plusieurs jours, confié le commandement de 4 de ces bataillons (3e, 6e, 7e et 8e) et d'une section d'artillerie de montagne au colonel Stevani (1) en lui donnant l'ordre de marcher rapidement sur Kassala pour faciliter et protéger la sortie de la caravane en question.

Les opérations accomplies par cette colonne, qui nonseulement a rempli heureusement la mission qui lui était confiée, mais qui a battu l'ennemi, le 2 avril, au mont Mocram et, le 3, à Tucruf, en l'obligeant à se retirer au delà de l'Atbara, sont exposées dans un rapport spécial que je me suis empressé de transmettre en temps voulu à Votre Excellence (voir annexe n° 1, documents sur Kassala, pièce n° 12).

---

(1) Le colonel Stevani, qui commandait alors le 10e régiment d'infanterie, avait été remplacé dans ce commandement par le colonel Ragni et nommé au commandement des troupes indigènes.

II

Les sérieux dangers dont nous menaçaient les Derviches étant écartés, au moins pour quelque temps, on put, dans les premiers jours d'avril, faire commencer le mouvement en avant du corps d'opérations et faire revenir de Kassala une partie des troupes indigènes qui y avaient été envoyées.

Les routes conduisant de l'Hamasen à Adi-Caié qui pouvaient nous être utiles sont au nombre de deux : l'une, plus au nord, longue d'environ 110 kilomètres, part d'Asmara et passe par Decameré, Saganeiti et Halai, en restant presque constamment sur le bord du haut plateau ; l'autre, vers le sud, longue d'environ 100 kilomètres, part de Scichet et passe par Adi-Chenà, Gura et Mai-Serau, en traversant les hautes vallées des cours d'eau tributaires du Mareb.

Elles sont reliées entre elles par les amorces : Decameré - Gura, Saganeiti - Gura, Seganeiti - Mai-Serau, Halai - Mai-Serau.

Comme on le sait, toutefois, toutes ces voies de communication ne sont, en bien des points, que de détestables sentiers muletiers. Il fut donc nécessaire de les remettre en état sur de longs parcours et même quelquefois on dut en modifier le tracé.

Indépendamment de cela, dans tous les lieux d'étape on dut organiser les prises d'eau en approfondissant et élargissant les puits existants et en en creusant de nouveaux.

Malgré ces travaux, la faible valeur logistique des routes et la petite quantité d'eau disponible ne permettaient pas la réunion du corps d'opérations dans une seule localité.

En conséquence, à peine arrivé de mon excursion dans l'Oculé-Cusai je pris les mesures suivantes :

1° Je fis mettre en état la route Asmara - Saganeiti -

Halai - Adi-Caié et je fis organiser les prises d'eau dans les gîtes d'étape. Je confiai ces travaux, pour la partie Asmara-Decameré, à la 1re brigade d'infanterie, alors cantonnée à Embeito ; pour la partie Decameré - Saganeiti, aux bataillons de la colonne de Boccard, qui venaient d'arriver à Saganeiti ; pour la partie Saganeiti - Adi-Caié, au 3e bataillon de bersagliers en le faisant protéger sur son front par le 1er indigène ;

2º Je fis organiser les prises d'eau à Gura et à Mai-Serau, et réparer la route Mai-Serau - Adi-Caié par la 2e brigade d'infanterie, transférée dans ce but de Scichet à Gura, et par les 1re et 2e compagnies du génie. Ces troupes étaient protégées sur leur front par le 5e bataillon indigène et par une compagnie de milice mobile ;

3º J'employai la 6e compagnie du génie, protégée par une compagnie de milice mobile, à mettre en état la route Archico - Maio - Adi-Caié ;

4º Je prescrivis de suspendre les ravitaillements par la direction d'Asmara et de donner, au contraire, la plus grande activité à la ligne Saati Saganeiti, et je commençai à faire passer les réapprovisionnements par la ligne Archico - Maio, de telle sorte que la première caravane pût arriver à Adi-Caié le 9 avril.

Le corps d'opération qui devait marcher sur Mai-Serau - Adi-Caié et ensuite sur Adigrat fut constitué à deux divisions, dont la formation, l'effectif et les cantonnements, à la date du 4 avril, c'est-à-dire au moment de commencer le mouvement, sont indiqués par la pièce justificative nº 2.

Je rappelai ensuite de Kassala deux des cinq bataillons indigènes qui se trouvaient sur cette frontière, ainsi que la batterie indigène, et je destinai ces troupes à faire partie du corps d'opération.

Devaient en outre concourir à l'opération, comme je l'indiquerai plus loin, deux bataillons de bersagliers (le 6e et le 7e), le 1er bataillon d'infanterie et les bandes.

Les autres troupes non endivisionnées fournirent les multiples services de garnison dans les forts ou sur les communications de l'arrière.

Dès que le service d'eau fut organisé à Mai-Serau, j'ordonnai à la 2ᵉ brigade d'infanterie et à la 1ʳᵉ brigade d'artillerie de s'y transporter. Ces troupes y arrivèrent le 8 avril, précédées, vers Adi-Caié, par une compagnie du génie et par le 5ᵉ bataillon indigène.

En même temps, les troupes de la 2ᵉ division se rassemblaient à Saganeiti et à Halai, d'où elles s'avancèrent sur Adi-Caié, en se faisant précéder par une compagnie du génie et par le 1ᵉʳ bataillon indigène.

Le 9 avril, Adi-Caié était occupé par une partie des troupes de la 2ᵉ division (1ᵉʳ bataillon indigène, 3ᵉ bataillon de bersagliers, 3ᵉ régiment d'infanterie et 4ᵉ compagnie du génie), par une compagnie de milice mobile et la 6ᵉ compagnie du génie ayant pris la route de Maio, par le 5ᵉ bataillon indigène et la 2ᵉ compagnie du génie arrivés par la route de Mai-Serau.

Toutes ces troupes furent employées immédiatement aux travaux nécessaires pour assurer le service d'eau et le réapprovisionnement en bois et pour organiser défensivement la position. Elles travaillèrent sous la protection du 5ᵉ bataillon indigène, qui s'établit en avant-postes sur les hauteurs placées en avant, de Toconda à Zeban-Zighib.

Au bout de peu de jours, sitôt que la production des puits fut jugée suffisante, les autres troupes de la 2ᵉ division se transportèrent à Adi-Caié, où, le 12 avril, le général en chef se transporta lui-même pendant que la 1ʳᵉ division se concentrait à Mai-Serau.

Tous les commandements et services étaient complètement organisés. On était venu à bout des difficultés causées par le manque d'eau et le mauvais état des routes en répartissant, sur une grande étendue, les cantonnements occupés par les troupes et grâce à des travaux assidus.

Vers le milieu d'avril, on aurait donc pu commencer la marche sur Adigrat, si des difficultés imprévues dans les ravitaillements ne s'y fussent opposées, en obligeant le corps d'opération à une halte de plusieurs jours.

Les animaux employés dans la période précédente de la campagne, période si fatigante, étaient arrivés à un tel état d'épuisement que les épidémies purent se développer parmi eux d'une façon très rapide. On dut réduire le chargement et diminuer la longueur des marches. Par suite le rendement de chaque animal fut ramené à environ la moitié du rendement normal.

En outre, les chameaux et mulets qui avaient été achetés en prévision des nouveaux besoins furent livrés à Massaouah, bien après l'époque fixée.

Enfin, le passage successif de la voie principale de ravitaillement de la ligne Saati - Asmara à la ligne Saati - Saganeiti, puis à la ligne Archico - Adi-Caié, fut une cause de perte de temps.

Pour tous ces motifs, le corps d'opération dut rester immobile dans les cantonnements qu'il occupait au milieu d'avril et cela jusqu'à la fin du mois, en vivant, on peut le le dire, au jour le jour. Il fallut réduire la ration des animaux, utiliser toutes les ressources locales, employer nos propres convois, tous les mulets et les ânes que l'on put réquisitionner sur place, pour venir en aide aux caravanes de l'intendance. Il fallut, en un mot, recourir à tous les expédients possibles.

Pour donner une idée de notre pénible situation pendant ces jours-là, je crois utile de joindre la copie de quelques-uns des nombreux télégrammes qui furent échangés, pendant ce laps de temps, entre le commandant en chef, le vice-gouverneur et l'intendance. (Pièce justificative n° 5.)

Pendant ce temps-là, on renforça, au moyen de retranchements, la position de Adi-Caié ; on continua les travaux pour assurer et augmenter la production des puits et pour améliorer les routes; on installa une infirmerie pouvant contenir de 300 à 400 malades; on construisit des fours; on coupa et on ramassa du bois et l'on fit tout ce qui était nécessaire pour organiser Adi-Caié.

Je profitai de ces jours de halte forcée pour faire des excursions dans différentes directions, principalement dans le but de reconnaître l'état des routes et des eaux.

Ainsi, je me rendis à Mai-Serau pour visiter les campements de la 1re division et pour reconnaître personnellement la nouvelle route Mai-Serau - Adi-Caié, que j'avais fait construire par les compagnies du génie, et pour voir les puits que j'avais fait creuser à l'azo, point de rencontre de la route dont je viens de parler et de la route Adi-Caié - Halai.

En prévision du mouvement en avant du corps d'opérations, je me rendis en outre, avec des officiers du génie, à Senafé, pour reconnaître les conditions des eaux dans cette localité. Et ayant constaté que l'eau y était très rare, j'y envoyai des troupes du génie pour creuser des puits.

Finalement, le service des ravitaillements, après quelques jours de crise, put reprendre sa marche régulière. C'est ainsi que, dans les derniers jours d'avril, ayant pu constituer à Adi-Caié une réserve de vivres pour plusieurs jours, je crus le moment venu de commencer la marche sur Adigrat.

III

La situation à la fin d'avril était la suivante :

La 1re division se trouvait réunie autour de Mai-Serau; la 2e division était rassemblée autour de Adi-Caié, où venait d'arriver la batterie indigène. Le front était couvert, vers le Cascassé, par deux bataillons indigènes; vers Coatit, par les bandes de l'Hamasen et de l'Oculé-Cusai. Deux bataillons de bersagliers et un bataillon d'infanterie étaient entre Asmara et Adi-Ugri; ils étaient couverts, du côté du Mareb, par les bandes du Séraé. Le 2ᵉ régiment d'infanterie s'était transporté de Baresa à Halai, en laissant un bataillon à Saganeiti. Deux bataillons indigènes (le 1ᵉʳ et le 7ᵉ) avec une section de la batterie indigène, venant de Kassala, étaient en marche pour rejoindre le corps d'opérations. Les autres troupes étaient réparties entre Asmara, Ghinda, Massaouah et la vallée de l'Haddas. Toutefois on avait supprimé, à cause de la mortalité des animaux mourant du typhus et d'épuisement, les batteries 7 et 9 faisant partie de la 3ᵉ brigade; et la 8ᵉ batterie, complétée avec les animaux des deux autres, était passée à la 1ʳᵉ brigade, dont elle fit dorénavant partie.

Les négociations avec le Négus pouvaient être considérées comme ayant échoué. Le major Salsa, qui avait été deux fois inutilement au camp ennemi, pendant le mois de mars, pour arrêter les préliminaires de la paix ou d'une convention militaire, y était retourné au commencement d'avril, sur les instances de Ras Maconnen et du Négus lui-même, afin d'arriver à une conclusion, mais il fut retenu en otage et, comme tel, il dut d'abord suivre pendant plusieurs jours le Négus, qui continuait, avec son armée, à battre en retraite vers le Choa. Le major Salsa rejoignit plus tard le camp de Ras Mangascia à Hausien.

Notre marche en avant sur Adi-Caié avait produit une grande impression dans le Tigré. Ras Mangascia, avec environ 8.000 fusils, s'était déplacé de Hausien pour venir jusqu'au pied de l'Amba-Sion; il avait ordonné la réunion du chitet et avait prescrit au nevraid d'Axoum d'en faire autant.

Ras Alula, entre Bezet et Debra-Damo, gardait, avec un millier d'hommes, les directions de l'Oculé-Cusai et était en même temps à portée d'accourir vers Adoua, si cette ville était menacée.

SITUATION GÉNÉRALE

Au 4 Avril 1896

(Marche du Corps d'opérations vers Adicaïé)

Échelle au 1/1.250.000

SIGNES CONVENTIONNELS ET ANNOTATIONS.

MER ROUGE

MASSAUA

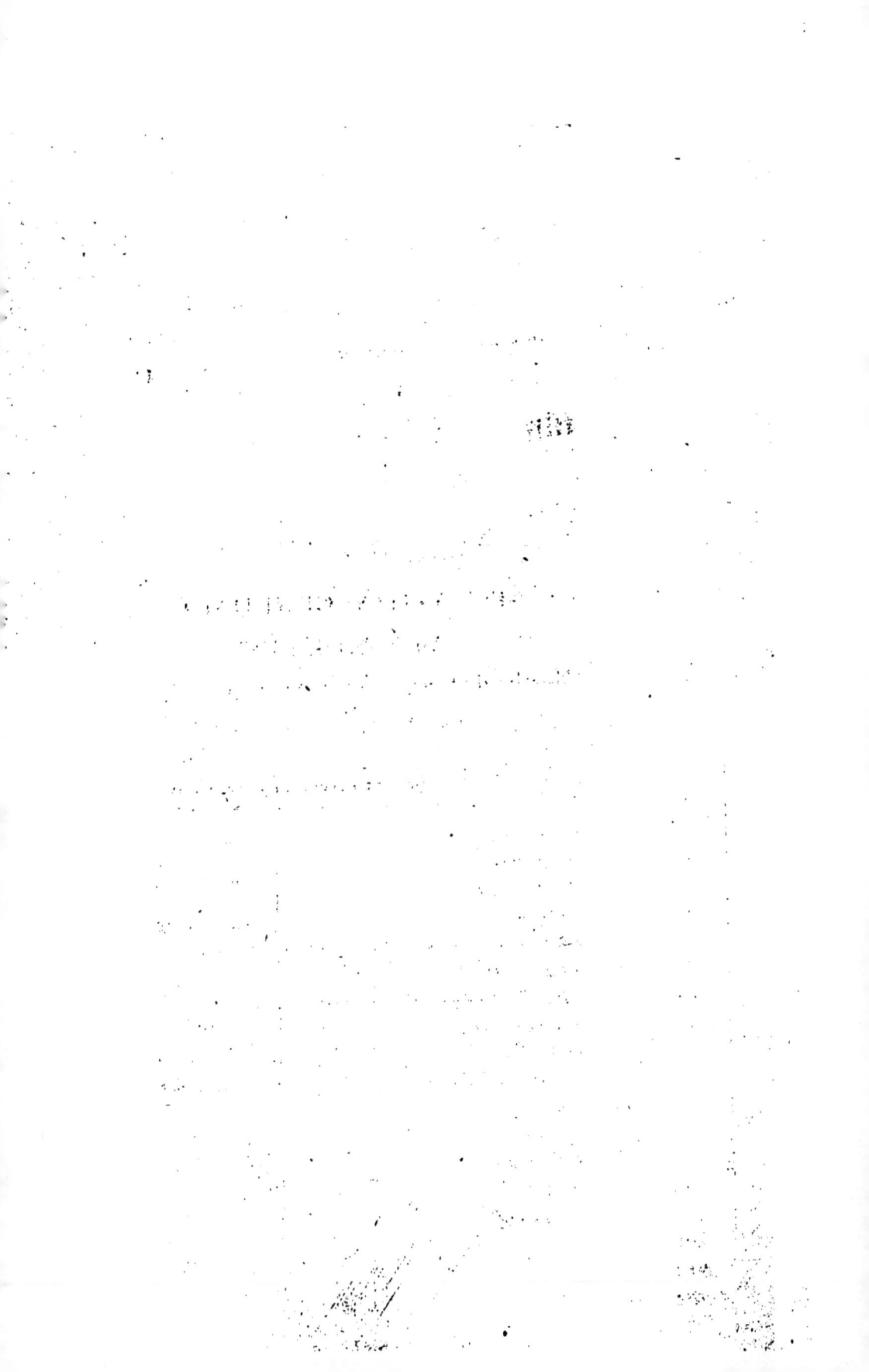

Ras Sebat et degiac Agos-Tafari serraient de près Adigrat et occupaient : le premier, la forte position de Dongollo, l'amba Debra-Matzo et Gullabà ; le second, les environs immédiats d'Adigrat en gardant tous les débouchés aboutissant dans la combe de l'Agamé.

Pour surprendre et déconcerter ces chefs, il était nécessaire d'agir rapidement, en exécutant, en même temps, des démonstrations dans d'autres directions avec une partie des troupes que la valeur logistique limitée de la ligne d'opération Adi-Caié - Adigrat n'aurait pas permis d'employer dans cette dernière direction.

J'ordonnai donc au colonel Paganini, que j'avais, dans ce but, laissé à Asmara, de faire une démonstration vers Adoua avec les 6e et 7e bataillons de bersagliers, le 1er bataillon d'infanterie, une section d'artillerie et les bandes du Seraé. La démonstration, précédée de bruits persistants et menaçants et préparée comme une opération que l'on devait pousser à fond, fut commencée de telle sorte que, le 1er mai, les bandes du Séraé passaient le Mareb.

Cette opération, dont le développement est décrit dans le rapport du colonel Paganini (1), atteignit pleinement son but qui était de rappeler, vers Adoua, Ras Alula et de l'y retenir pendant toute la durée de la halte faite par le corps d'opération dans la combe d'Adigrat.

---

(1) La colonne du colonel Paganini avait un effectif total de 2.210 hommes : 55 officiers ;

1.375 hommes de troupe italiens :

780 indigènes.

Le Mareb fut traversé le 1er mai. Ras Alula, craignant pour Adoua, y arriva le 2 mai et y rassembla toutes les forces dont il pouvait disposer (1.500 fusils).

Jusqu'au 19 mai, le colonel Paganini tint en respect le ras Alula, en lui faisant craindre une attaque prochaine et, le 19 mai, la colonne italienne, ayant complètement atteint le but qu'elle se proposait, repartait pour Asmara, où elle arrivait le 22. (Voir, pièce justificative n° 4, § b, la composition détaillée de la colonne Paganini.)

En même temps et toujours dans le but de laisser l'ennemi incertain de la route choisie pour le mouvement
en avant du corps principal, j'ordonnai au lieutenant
Sapelli de se porter en avant, le 28 avril, avec les bandes
de l'Hamasen et de l'Oculé-Cusai, dans la direction de
Coatit et de Debra-Damo et de publier un manifeste pour
inviter les chefs des villages voisins à nettoyer les routes, à
préparer l'eau et à rassembler le bois nécessaire pour les
troupes qui devaient marcher dans cette direction. Cette
démonstration eut pour effet de rappeler une partie des
forces des chefs tigrins, de l'Agamé vers Debra-Damo, et
les bandes, ayant atteint le but que l'on se proposait, se
retirèrent le 30 avril à Latzat.

Le même jour, le corps d'opération commençait son
mouvement en avant. Le commandant en chef et la 2e division se transportaient à Senafé, la 1re division allait à
Adi-Caié.

Pour préparer les puits à Senafé, comme je l'ai dit plus
haut, on avait envoyé précédemment des troupes du génie
protégées sur leur front par les bataillons indigènes nos 1
et 5 et soutenues par un bataillon de bersagliers. Les deux
bataillons indigènes se transportèrent ensuite, le 30 avril,
à Efesit, en poussant des détachements en avant pour garder les passages qui, de Amba-Debra, de Barachit et du
bassin du Belesa conduisent dans la combe de Senafé.

Mais, bien que l'on eût creusé, à Senafé, une dizaine
de puits très profonds, la production d'eau n'était pas
suffisante pour tout le corps d'opération. Aussi, le 1er mai,
pendant que la 1re division se transportait de Adi-Caié à
Senafé, la 2e division dut aller à Efesit et à Adi-Ceffà en
poussant les avant-postes des bataillons indigènes jusqu'à
Barachit, tandis que les bandes, destinées à servir de
flancs-gardes à la droite du corps d'opération, se portaient
de Latzat à Assadur.

Mais, si à Efesit et à Adi-Ceffà il y avait de l'eau en quantité suffisante pour la 2ᵉ division, ce qui manquait d'une façon absolue, c'était le bois. Du reste, le même fait se reproduisit, d'une façon plus ou moins sensible, presque partout sur le haut plateau. Il fallut donc prendre les mesures nécessaires pour faire transporter de loin le bois qui faisait défaut.

Dans la même journée du 30 avril, arrivaient de Halai à Adi-Caié, pour y tenir garnison, deux bataillons avec l'état-major du 2ᵉ régiment d'infanterie. En même temps, le 7ᵉ bataillon indigène arrivait à Senafé. Une compagnie du génie restait à Adi-Caié pour continuer les travaux destinés à améliorer le régime des eaux et pour s'occuper de tous les autres travaux en cours.

Enfin, on prenait les mesures nécessaires pour installer à Senafé un magasin de vivres, protégé par un retranchement. Cette construction fut commencée sans retard, et l'on désigna, pour la défendre, deux batteries (la 5ᵉ et la 8ᵉ) et un bataillon (le 23ᵉ). Et là encore, pour creuser et améliorer les puits, pour couper du bois et pour tous les autres travaux nécessaires, on laissa deux compagnies du génie.

Mon intention était de porter, le 1ᵉʳ mai, le corps d'opération tout entier à Barachit, en poussant les avant-postes sur la crête de Guna-Guna. Mais l'exécution de cette mesure dépendait de la plus ou moins grande quantité d'eau que l'on trouverait en cette localité. Je donnai donc l'ordre à deux compagnies du génie, escortées par deux compagnies du 1ᵉʳ bataillon indigène, d'aller à Barachit dans la nuit du 1ᵉʳ et du 2 pour préparer l'eau. Je prescrivis à la 2ᵉ division de se mettre en marche sur Barachit, le 2 au matin, dès l'aube, en se faisant précéder par les bataillons indigènes qui étaient aux avant-postes. Enfin, j'ordonnai à la 1ʳᵉ division de lever le camp le même jour à 7 heures du matin, de se mettre en marche par Efesit et de s'y concentrer en attendant des ordres.

Arrivé avec la 2e division à Barachit, et m'étant assuré que l'eau y était suffisante pour tout le corps d'opération, j'envoyai l'ordre à la 1re division, qui était alors arrivée à Efesit, de continuer sa marche et de venir, elle aussi, camper près de Barachit. Je prescrivis au 7e bataillon indigène, qui était resté à Senafé, d'y laisser deux compagnies, avec mission de surveiller la direction de Amba-Debra et de suivre, avec le reste de ses forces, la 2e division. Enfin j'ordonnai au 2e bataillon indigène qui, le jour auparavant, était arrivé à Adi-Caié, de se transporter aussi à Barachit dans la journée.

Ces derniers mouvements étaient, vers midi, en cours d'exécution, quand on entendit vers Guna-Guna une fusillade continue sans être vive. Le 5e bataillon indigène en allant aux avant-postes avait réussi à occuper la crête de Guna-Guna sans être inquiété, mais peu après il avait été attaqué par des troupes de Ras Sebath et de Agos-Tafari, près du village de Aga-a.

Le 1er bataillon indigène, qui constituait la réserve des avant-postes, accourut pour renforcer le 5e bataillon; le lieutenant Sapelli accourut également avec ses bandes; mais quand ils arrivèrent sur le lieu de l'action les rebelles étaient déjà en fuite, poursuivis par le 5e bataillon.

La route qui de Barachit conduit au plateau de Gullabà, d'où elle continue ensuite vers Adigrat, suit le fond de l'étroite vallée de Guna-Guna jusqu'à son extrémité. Une fois à ce point, la route rencontre une crête qui la domine sur une assez longue distance et que la route finit par atteindre en serpentant le long de la pente. Cette crête a une grande importance tactique, puisqu'elle permet, avec quelques fusils, d'empêcher des forces, même très supérieures, marchant en colonne dans le Guna-Guna, de monter sur le plateau de Gullabà. Mais cette crête peut être tournée par un sentier, lequel, en partant de la combe de Barachit, grimpe sur un haut plateau qui suit parallèlement la gauche de la vallée de Guna-Guna jusqu'à sa source, près de Enda-Gaber-Cocobai.

Ce sentier, très rude et très difficile au commencement, pourrait être considéré comme le véritable chemin tactique pour une troupe qui, de Barachit, veut gagner le plateau de Gullabà, tandis que le chemin muletier du Guna-Guna serait la voie logistique.

Etant donnée l'importance de la crête de Guna-Guna, il y avait lieu de supposer que les chefs de l'Agamé seraient revenus à l'attaque avant la soirée. Aussi, et dans le but d'assurer pour le lendemain la marche du corps d'opération sur Gullabà, les deux compagnies du 7e indigène qui marchaient en queue de la 1re division, à peine arrivées à Barachit furent envoyées, par mon ordre, avec la batterie indigène, par le Guna-Guna, pour renforcer les deux bataillons se trouvant aux avant-postes. Comme réserve d'avant-postes, j'envoyai, en outre, deux bataillons alpins (le 1er et le 4e) sur le plateau qui aboutit à Enda-Gaber-Cocobai et je confiai le commandement de toutes ces troupes avancées au général Gazzurelli.

Le même jour, je donnai les ordres de détail pour la marche à effectuer le lendemain, 3 mai.

Le corps d'opération, avec la 2e division en tête devait, en passant par la vallée du Guna-Guna, atteindre le plateau de Gullabà et s'y masser, la 1re division à droite, la 2e à gauche de la route qui conduit à Mai-Maret, pour ensuite se porter, selon les ordres que je me réservais de donner sur place, contre la forte position de Dongollo, qui domine tout le plateau de Gullabà et que l'on savait être occupée par les rebelles.

Les troupes aux avant-postes devaient se porter en avant pour gagner un espace permettant de masser les divisions. Les bandes devaient avancer vers Gullabà et de là vers Mai-Maret; le 2e bataillon indigène devait suivre, en queue, la 1re division; le 17e bataillon d'infanterie devait rester comme troupe de garnison à Barachit, où était constitué un magasin de vivres.

La marche fut commencée à 4 heures du matin, et, à 11 heures, les deux divisions se trouvaient massées aux endroits indiqués. A midi, le mouvement en avant fut repris; le corps d'opération était précédé à gauche par les bataillons indigènes 1, 5 et 7 et à droite par les bandes. De nombreuses patrouilles, poussées en avant, sur le front, exploraient les vallons qui sillonnent le plateau de Gullabà et allaient même jusqu'à Dongollo.

La marche du corps d'opération s'effectua en ligne de colonne de bataillons à intervalle de déploiement : la 1re division à droite sur une seule ligne; la 2e division à gauche sur deux lignes, le terrain de ce côté ne permettant pas le déploiement et la marche de toute la division sur une seule ligne. Derrière les lignes d'infanterie de chaque division, marchaient en bataille les batteries.

La 2e division devait s'avancer directement contre la hauteur de Dongollo et l'attaquer de front; la 1re division devait en envelopper le flanc gauche (occidental) au pied duquel passe la route suivie par le corps d'opération.

Cette imposante marche en avant eut pour effet de faire rapidement évacuer les villages de Aga-a, Tereché, Tocasà et Tocanà et en dernier lieu Dongollo lui-même par les troupes du Ras Sebath et de Agos-Tafari qui les occupaient. Il y eut seulement quelques coups de fusil échangés entre les rebelles et les patrouilles des bataillons indigènes.

A 4 heures de l'après-midi, toutes les troupes étaient campées le long du Mai-Musreb qui coule au pied de Dongollo même; les postes avancés étaient placés vers le mont Focadà. Les bandes étaient sur la droite, avec leurs postes avancés vers Mai-Marat.

La marche à effectuer le lendemain, 4 mai, devait amener le corps d'opération à proximité d'Adigrat et lui permettre d'entrer en communication avec la garnison du fort.

Il fallait protéger notre gauche contre les attaques qu'aurait pu tenter Ras Sebath en partant de Debra-Matzo, son repaire habituel. En conséquence, j'ordonnai que les bataillons indigènes 1, 2 et 5, le 3e bataillon de bersagliers et la batterie indigène, sous les ordres du colonel Stevani, occuperaient le flanc oriental des monts Dongollo et Focadà et garderaient les débouchés de ce côté.

Pour la marche en avant du corps d'opération je donnai les ordres suivants :

— Le régiment alpin, les deux compagnies du 7e bataillon indigène et une batterie de la 2e brigade, sous les ordres du général Gazzurelli, devaient partir avant l'aube, occuper pour 5 heures du matin les pentes méridionales du Dongollo et s'avancer ensuite dans la même direction en occupant des positions successives, de façon à protéger le flanc gauche de la colonne principale.

— La colonne principale, composée de la 1re division et du reste des troupes de la 2e division, devait quitter son campement à 4 h. 1/2 du matin, et, tournant à l'ouest le Dongollo, marcher, dans la formation la plus large possible par Mai-Marat sur Adigrat.

— Les bandes devaient occuper la crête de Mai-Marat en surveillant la direction de Debra-Damo.

— Les compagnies du génie et les convois devaient rester dans les campements, prêts à marcher, en attendant des ordres.

Au commencement de la marche on échangea quelques coups de fusil sur la droite. Puis, comme on signalait de grosses fractions d'hommes armés vers Debra-Damo, je donnai l'ordre à la brigade Mazza de prendre position à Mai-Marat, pour assurer la défense de la ligne d'opération, et d'attendre là des ordres.

A partir de ce point le terrain ne permettant plus de marcher sur deux colonnes ni dans une formation large, toutes les troupes durent se mettre en colonne sur l'unique

route qui traverse cette zone, dans la direction d'Adigrat.
Un peu avant midi, la tête de la colonne arrivait à Cherseber, en vue d'Adigrat. Le commandant en chef et la
2e division campèrent à Cherseber, tandis que la 1re division, à cause de la pénurie d'eau, allait un peu plus loin et
campait autour des eaux de Legat, en occupant les hauteurs
qui dominent ces eaux à droite et à gauche. Pendant cette
prise de position, le 25e bataillon échangea quelques coups
de fusil avec une centaine de rebelles qui furent facilement
mis en fuite.

Aussitôt après, les communications furent établies avec
le fort d'Adigrat.

A peine arrivé à Cherseber, j'envoyai l'ordre aux compagnies du génie et aux convois de rejoindre le groupe auquel ils appartenaient. J'envoyai un ordre analogue à la
brigade Mazza. Ainsi, avant le soir, tout le corps d'opération se trouvait campé dans la combe d'Adigrat, entre
Legat et Cherseber, en ayant ses avant-postes placés sur les
hauteurs environnantes. (Quand je dis tout le corps d'opération, il faut en excepter les troupes restées avec le colonel
Stevani à Dongollo, les deux compagnies du 7e bataillon
indigène laissées, l'une à Ambaset, l'autre sur le mont
Demat, pour relier les troupes du colonel Stevani avec le
corps d'opération, et enfin les bandes restées avec le lieutenant Sapelli à Mai-Marat, pour garder la direction de
Debra-Damo.)

La situation militaire dans laquelle nous nous trouvions
à ce moment se trouve résumée dans le télégramme que
j'ai transmis le 5 mai à Votre Excellence, télégramme que
je crois utile de reproduire ici textuellement :

« Durant la nuit du 4 au 5, les Tigrins se sont éloignés
des lieux occupés par le corps d'opération. Nous occupons
fortement, depuis Dongollo jusqu'à Adigrat, tous les points
importants. La sortie et l'entrée du fort sont désormais
parfaitement libres. Ce matin on a fait sortir du fort envi-

SITUATION GÉNÉRALE
Au 4 Mai 1896
(Arrivée du Corps d'opérations à Adigrat)
Echelle au 1/1.250.000

ron 300 blessés et malades, dont 40 sur des brancards. Demain, les autres sortiront; ils seront tous dirigés sur Adi-Caié. Les chefs tigrins semblent pour le moment désorientés et déconcertés. Sebath et Agos-Tafari errent en désordre sur notre flanc gauche. Mangascia, sur notre droite, semble jusqu'à présent incertain sur ce qu'il doit faire. Alula, trompé par les démonstrations du colonel Paganini, est allé à Adoua, où il se trouve en ce moment avec 2.000 fusils. Nos forces, au contraire, sont groupées et prêtes à tout événement. Les vivres ne manquent pas; toutefois l'eau devient de plus en plus rare. La santé de la troupe est bonne ainsi que son esprit. La mortalité des animaux a presque cessé.

» Telle est la situation actuelle. Quelle ligne de conduite dois-je suivre? Dois-je terminer l'évacuation du fort et ensuite battre en retraite? De toute façon, je considère comme nécessaire de rapatrier sans retard les garnisons de Massaouah, Archico et Ghinda, soit environ dix à douze bataillons. Aucune nouvelle de Salsa ni des Choans. »

Répondant à cette dépêche, le gouvernement, par son télégramme du 6 me signifiait que : si les circonstances avaient obligé le corps d'opération à s'ouvrir la route d'Adigrat en commençant par battre les forces réunies de l'ennemi, on aurait pu examiner s'il y avait lieu de conserver Adigrat; mais que, du moment que les forces de l'ennemi restaient intactes, il n'y avait pas de doute sur le parti à adopter : je devais prendre toutes les mesures nécessaires pour évacuer complètement l'Agamé et me replier au nord de la ligne Belesa - Muna.

Après avoir fait sortir et diriger sur Adi-Caié les malades et les convalescents qui se trouvaient dans le fort, rien ne s'opposait plus à la sortie de la garnison et à l'abandon du fort, une fois que l'on aurait détruit tout ce qu'il n'était pas possible d'emporter. Mais je crus bon de profiter de notre position avantageuse pour amener les chefs tigrins à nous restituer nos prisonniers qui étaient restés auprès d'eux (1).

Pour atteindre le but que je me proposais, j'écrivis à Mangascia et je fis entendre aux autres chefs tigrins que j'aurais recours à de sévères représailles s'ils ne rendaient pas nos prisonniers qui étaient restés dans le Tigré, et si l'on ne remettait pas bientôt en liberté le major Salsa.

Pour donner un commencement d'exécution à ces menaces et pour punir en même temps Ras Sebath, lequel, mentant comme d'habitude, avait déclaré ne pas avoir de prisonniers, alors que je savais parfaitement qu'il avait un de nos officiers, j'ordonnai au colonel Stevani de se mettre en marche, le 7 mai, avec trois bataillons indigènes, un bataillon de bersagliers et une batterie, contre Debra-Matzo. Mais Ras Sebath ayant déjà abandonné son refuge, la colonne Stevani le poursuivit d'amba en amba, lui tuant 12 hommes, lui prenant 300 têtes de bétail et faisant incendier quatre villages d'où l'on avait tiré contre nos soldats.

J'ordonnai une autre opération du même genre, deux jours plus tard, contre le couvent de Debra-Damo, et j'en chargeai le même colonel Stevani, en faisant renforcer ses bataillons par les bandes du lieutenant Sapelli et en le faisant soutenir en outre par la brigade Mazza et par une batterie que, dans ce but, j'envoyai à Mai-Marat, le 9. Cette opération amena le prieur du couvent à traiter avec nous : il nous paya un tribut d'orge et il envoya des messagers à Mangascia pour le décider à nous rendre les prisonniers.

Pendant ce temps Agos-Tafari nous remettait les prisonniers les plus voisins et, successivement, tous ceux qui étaient restés dans l'Agamé (en tout 2 officiers, y compris celui qu'avait Ras Sebath, et 19 hommes de troupe).

---

(1) Cela répondait aux intentions du gouvernement, ainsi qu'il résulte des télégrammes adressés au gouverneur les 7 et 23 avril. (*Note de la rédaction.*)

Ras Mangascia, en tergiversant, selon son habitude, envoyait des messagers et des lettres; il nous assurait qu'il était prêt à nous rendre tous les prisonniers restés dans le Tigré et le Lasta, dès que nous aurions abandonné l'Agamé, mais sans rien vouloir conclure.

Je profitai de ces tergiversations pour tenter un coup de main contre Amba-Debra, montagne du Scimenzana qui domine les pays assaortins, dont Ras Sebath s'était emparé par trahison, le mois précédent, et que je savais occupée par le fils même de ce ras. Je confiai cette mission au lieutenant Sapelli, lequel, avec une partie de ses bandes, dans la nuit du 16 au 17, réussit à s'emparer de vive force de l'Amba-Debra, considérée comme inexpugnable, en infligeant à l'ennemi des pertes importantes.

Cependant, le fils de Ras Sebath et une grande partie de la garnison, favorisés par l'obscurité, purent se mettre en sûreté.

Finalement, après de longues négociations, nous pûmes nous mettre d'accord avec Ras Mangascia. A la suite de la convention arrêtée entre nous, on nous remettait, le 18, contre la restitution de notre part de trois prisonniers abyssiniens qui étaient entre nos mains, tous nos prisonniers restés dans le Tigré (en tout 6 officiers, dont le colonel Nava, et 90 hommes de troupe). Un petit nombre de blessés ou de malades, momentanément non transportables, nous furent restitués quelques jours après. Enfin, le major Salsa fut remis en liberté. Mangascia promettait en outre de nous remettre tous nos prisonniers restés dans le Lasta; mais comme ceux-ci devaient venir de loin, ils ne pourraient pas arriver avant un certain laps de temps.

La remise des prisonniers aurait dû s'effectuer le 17, si, au dernier moment, n'avaient surgi certaines difficultés, motivées par la crainte qu'inspiraient nos positions avancées, dominant Adigrat, aux quelques centaines d'Abyssiniens qui escortaient nos prisonniers.

Cet inconvénient aurait pu être évité si celui qui était chargé de régler les choses avait agi avec plus de prudence et avec plus de tact; mais pour ne pas retarder davantage la libération de nos prisonniers, je ne crus pas devoir insister sur ce point et je tranchai la question en faisant reculer de quelques kilomètres la division Del Mayno, que je fis porter de Legat à Cherseber.

Dans cette même journée du 18, la garnison d'Adigrat abandonnait le fort, d'où l'on avait emporté, les jours précédents, en fait d'armes, de munitions et de matériel, tout ce qui n'avait pas été détruit et pouvait encore nous être utile. Aussitôt après, le fort était occupé par le représentant de Mangascia. et le jour suivant, sur l'ordre de ce ras, il était détruit (1).

Pendant la marche en avant de Adi-Caié à Cherseber, comme pendant le long séjour que nous fîmes dans cette dernière localité, le corps d'opération dut se réapprovisionner en vivres, aux magasins situés en arrière, presque exclusivement avec ses propres moyens de transport. Il dut se servir pour cela des convois des corps et d'environ un millier d'ânes de réquisition, car les moyens de transport dont disposait l'intendance continuaient à être insuffisants.

On avait bien vu arriver à Massaouah, dans les premiers jours de mai, les 1.500 chameaux que l'on attendait depuis un certain temps, mais comme leurs conducteurs n'étaient pas encore prêts, on dut les laisser inoccupés pendant plusieurs jours.

D'ailleurs, comme le corps d'opération battait en retraite, le besoin de cette augmentation de moyens de transport venait à disparaître presque complètement.

---

(1) Mangascia aurait désiré que le fort fût détruit par nous, afin qu'il ne tombât pas intact entre les mains de Ras Sebath; mais j'ai préféré lui laisser le soin de détruire lui-même le fort.

IV

Après avoir délivré la garnison d'Adigrat et obtenu la libération des prisonniers restés dans le Tigré, je crus avoir atteint le but que je me proposais, en portant le corps d'opération en avant, et j'estimai qu'il n'y avait plus aucune raison de rester plus longtemps dans l'Agamé.

L'unique motif qui aurait pu nous engager à continuer les opérations aurait été l'espoir probable d'atteindre l'ennemi et de lui livrer bataille. On savait, en effet, de source certaine, que, à la suite de notre marche en avant, le ras Mangascia avait demandé des instructions à Ménélik et en avait obtenu la réponse suivante : « Ne vous engagez pas, ne vous battez pas, et retirez-vous çà et là suivant les circonstances ». Et de fait, chacun de nos mouvements en avant était suivi d'un mouvement de retraite de Mangascia.

Il n'y avait donc pas lieu d'espérer, surtout avec des troupes non indigènes et dans un pays si embrouillé et si difficile, de pouvoir joindre un ennemi agile comme l'Abyssinien, lequel nous ayant prouvé qu'il ne voulait absolument pas accepter le combat, se serait dispersé devant nous, ou se serait réfugié dans des localités inaccessibles pour nous.

D'autre part, la saison déjà avancée, les fortes chaleurs qui commençaient à se faire sentir le long de la côte, l'imminence de la période des pluies sur le haut plateau et les conditions générales du pays épuisé et n'offrant plus aucune ressource, tout cela me conseillait de faire reculer le corps d'opération derrière la ligne Belesa-Muna, conformément aux instructions que m'avait données le gouvernement, et ensuite, de pourvoir au rapatriement de la plus grande partie des troupes.

Le mouvement de retraite du corps d'opération s'opéra par échelons de division et fut commencé le soir même du 18 mai, par la 1re division, laquelle se transporta de Cher-seber aux sources de Focada, où elle avait été précédée par la compagnie du génie chargée d'organiser les campements.

Le jour suivant, cette division alla camper à Mai-Mus-reb, où se transporta le commandant en chef. Pendant ce temps-là, la 2e division, laissant deux bataillons et une batterie, sous les ordres du colonel de Boccard, sur les hauteurs qui dominent Cherseber, se transportait aux sources de Focada ; les troupes indigènes avec le 3e batail-lon de bersagliers se réunissaient à Dongollo, à l'exception cependant de deux compagnies du 7e bataillon qui restaient sur le mont Demat, près des troupes du colonel de Boc-card.

Le 20, la 2e division alla à Barachit et les troupes qui étaient restées près de Cherseber campèrent près de la 1re division à Mai-Musreb.

Le 21, la 1re division, marchant sur deux colonnes, l'une par Guna-Guna, l'autre par Enda-Gaber-Cocobai, alla cam-per à Efesit et à Adi-Ceffa. Le commandant en chef se trans-porta à Senafé et les troupes du colonel de Boccard rejoi-gnirent leur propre division à Barachit. Ce même jour, les bandes du lieutenant Sapelli, de retour de l'Amba-Debra (à la garde de laquelle on avait laissé quelques hommes) arrivaient à l'ouest de Barachit.

Le 22, les troupes indigènes se réunissaient toutes à Barachit d'où, le jour suivant, partait la deuxième divi-sion pour se rendre à Senafè.

Dans ces campements, le corps d'opération eut encore à lutter pendant plusieurs jours contre les difficultés prove-nant de la pénurie d'eau. Pendant ce temps, les ordres étaient donnés pour le licenciement des divers comman-dements et pour le rapatriement de la troupe. Une partie des troupes, c'est-à-dire les 4e et 5e régiments et deux bataillons du 6e, dans le but de dégager les routes de l'arrière et de gagner du temps, avaient été dirigés vers l'Italie du 11 au 21 mai.

Sur ces entrefaites, à la suite des négociations qui avaient été entamées avec le ras Mangascià, quand le corps d'opération se trouvait devant Adigrat, un sous-chef de ce ras (Asselafà Ailù) arrivait à Senafè, apportant l'autorisation d'envoyer deux compagnies du génie sur le champ de bataille du 1er mars pour procéder à l'ensevelissement de nos morts. Ces deux compagnies devaient être accompagnées par une escorte abyssinienne qu'Asselafà Ailù avait amenée avec lui. La colonne chargée de cette mission, et dont je confiai le commandement au lieutenant-colonel Arimondi, se réunit, le 26 mai au soir, à Barachit ; elle en partit le lendemain matin, et fut de retour à Adi-Qualà le 7 juin.

Je crois inutile d'indiquer ici l'itinéraire suivi, ainsi que la façon dont les compagnies du génie se sont acquittées de leur pieuse mission, puisque j'ai déjà transmis à Votre Excellence le rapport du lieutenant-colonel Arimondi (1).

Il avait été décidé que, pour assurer la sécurité de la colonie pendant l'été, on y maintiendrait quelques corps de troupes italiennes. Trois bataillons, deux batteries de montagne et une compagnie du génie, furent désignés par le sort pour rester en Erythrée ; ce furent : le 19e bataillon d'infanterie, le 3e bataillon de bersagliers, le 3e bataillon alpin, les 4e et 6e batteries et la 4e compagnie du génie.

Pour diriger, sur Massaouah, les troupes destinées à être rapatriées, on utilisa les trois routes : Adi-Caié - Maio-Illalia - Ua-A - Archico ; Saganeiti - Gargarà - Aideroso - Baresa - Saati ; Asmara - Ghinda - Sabarguma - Saati.

---

(1) Lire ce rapport dans la *Rivista Militare*. Il a été publié *in-extenso* dans le numéro du 15 juillet 1896, fascicule XIV, page 1236 et suivantes. (Note du traducteur).

Les mouvements furent exécutés par échelons de bataillon et réglés de telle sorte que les fractions de troupes, au fur et à mesure qu'elles arrivaient à Massaouah, trouvaient tout prêts les moyens de transport.

On creusa de nouveaux puits dans les gîtes d'étapes où l'eau manquait et pour les localités où, malgré ces travaux, l'eau était encore insuffisante, on prit les mesures nécessaires pour en envoyer, en organisant un service spécial de caravanes.

On envoya en outre, de la glace à Saati, à Archico et à Ua-A.

On construisit des baraques en branches et feuillage pour la troupe, dans les gîtes d'étape où cela était nécessaire.

C'est grâce à ces mesures, et en prenant toutes les précautions que conseillaient la nature du pays et la saison déjà avancée, que le mouvement put s'effectuer sans notables inconvénients.

Le lieutenant-général,
Signé : BALDISSERA.

PIÈCE JUSTIFICATIVE N° 1

Formation, effectif et emplacements des troupes dans la colonie de l'Erythrée au 6 mars 1896.

(Consulter le croquis n° 1).

(Le présent tableau ne comprend que les états-majors et corps de troupes mobiles pouvant combattre.)

ÉTATS-MAJORS, CORPS ET DÉTACHEMENTS.	Officiers.	Troupe.	Quadrupèdes.	COMMANDANTS.	EMPLACEMENTS.
Et.-maj. du comm. en chef (1)	9	30	20	Lt.-gén. Baldissera.	Asmara.
Et.-maj. de la 1re brig. d'inf.	»	»	»	Colonel Pittaluga.	Id.
Etat-major du 8e régiment...	4	2	9	Id.	Id.
19e bataillon............	19	568	33	Major Zuccotti.	Id.
24e id.	20	590	35	Major Amadasi.	Id.
25e id.	15	580	34	Major Garassino.	Id.
Etat-major du 9e régiment.	3	2	7	Colonel Vacquer.	Id.
22e bataillon............	22	540	34	Major Stazza.	Id.
23e id.	20	560	37	Major Tirinnanzi.	Id.
4e id. de bersagliers.	15	570	33	Major Lavallea.	Id.
Et.-maj. de la 2e brig. d'inf.	3	7	10	Maj. gén. Barbieri.	Id.
Etat-major du 10e régiment.	4	6	9	Colonel Clericetti.	Id.
27e bataillon............	16	560	33	Lieut.-col. Ferioli.	Id.
29e id.	19	560	34	Major Carpi.	Id.
5e id. de bersagliers.	23	551	43	Major Simonetti.	Id.
Etat-maj. du 11e rég. d'inf..	4	2	11	Colonel de Paolis.	Id.
26e bataillon............	17	561	30	Major Montanari.	Id.
28e id.	15	544	33	Major Mangot.	Id.
30e id.	20	520	32	Major Poli-Guerini.	Sabarguma.
6e régiment d'infanterie (2)..	33	520	36	Colonel Brusati.	Asmara.
12e bataillon (3)...........	16	532	53	Major Amatucci.	Adi-Caiè.
17e id. (3)	13	456	53	Major Dalmazzi.	Id.
18e id. (3)	21	540	52	Major Olivero.	Id.
20e id. (3)...........	20	491	52	Major Toscani.	Id.
21e id. (3)	17	521	53	Major Bandini.	Id.
1er id	15	504	90	Major Folchi.	Adi-Ugri.
Garnison d'Adigrat (4).....	44	2.060	113	Major Prestinari.	Adigrat.
2e bataillon de bersagliers (1)	7	189	31	Major de Stefano.	Asmara.
3e id. id.	14	533	39	Major Siotto Pintor.	Saganeiti.
3e id. alpin (6)........	19	590	47	Major Locatelli.	Massaouah.
4e id. id. (6)......	21	602	49	Major Favre.	Id.
2e id. indigène (7)....	17	1.220	89	Major Hidalgo.	Kassala.
5e id. id.	16	910	93	Major Ameglio.	Chenafena.
1er, 3e, 6e, 7e et 8e bat. indig. (8)	23	3.031	300	Major Cossu.	Asmara.
1re comp. mil. mob. indig. (3).	3	180	12	Capitaine de Pazzi.	Cascasse (Senafé).
2e id. id. ...	4	347	20	Capitaine Cantoni.	Mai-Haini.
7e id. id. (9).	4	259	12	Capitaine Heusch.	Agordat.
Centurie de mil. mob. indig.	1	108	9	S.-lieut. Streva.	Saati.
Bandes de Seraè..........	1	501	6	S.-lieut. Mulazzini.	Adiqualà
Id. de l'Hamasen et Oculé Cusai (10).........	1	895	2	Lieutenant Sapelli.	Asmara.
Id. d'Omar, Algheden, Sabderat........	4	400	10	(11)	(11)
Chitet.................	10	2.500	25	(12)	(12)
Peloton de cavalerie......	1	30	35	Lieut. de Dominicis.	Keren.
1re compagnie du génie.....	4	131	20	Capitaine Sermasi.	Asmara.
2e id.	3	100	31	Capit. Montanari.	Saganeiti.
3e id.	4	170	39	Capitaine Bonelli.	Asmara.
1re batt. de mont. italienne.	5	150	81	Capitaine Casana.	Id.
2e id. id. id.	5	162	89	Capitaine Diliberto.	Id.
Batterie indigène..........	4	188	135	Lieutenant Baldi.	Id.
TOTAL......	600	25.582	2.153		

(1) Voir les notes et renvois à la gauche du tableau.

NOTES ET RENVOIS DE LA PIÈCE JUSTIFICATIVE N° 1.

(1) L'état-major du commandant en chef était ainsi composé :

Lieutenant-général Antoine BALDISSERA, commandeur, commandant en chef;

Colonel d'état-major, chevalier Joachim VALENZANO, chef d'état-major ;

Major d'infanterie, chevalier Thomas SALSA, sous-chef d'état-major et chef du bureau politique et militaire ;

Capitaine d'état-major Henri CAVIGLIA, service d'état-major ;

Lieutenant de bersagliers Adolphe MALLADRA, service d'état-major ;

Capitaine d'infanterie, chevalier Annibal ANGHERA, bureau politique et militaire ;

Lieutenant d'infanterie, chevalier Alexandre BODRERO, bureau politique et militaire ;

Lieutenant de cavalerie, Albert FIOCCARDI, commandant du quartier général ;

Lieutenant d'infanterie Joseph VIORA, officier d'ordonnance.

(2) En voie de formation avec les hommes d'infanterie et les alpins ayant survécu à la bataille d'Adoua. En peu de jours on en forma quatre bataillons (les 13ᵉ, 14ᵉ, 15ᵉ et 16ᵉ) avec un effectif total d'environ 2.800 hommes.

(3) Toutes ces unités étaient sous les ordres du colonel d'état-major de Boccard. Il y avait aussi à Cascassé et dans les environs, la colonne du capitaine de Bernardis, composée d'environ 500 hommes du Chitet de l'Oculé-Cusai, une centurie du 1ᵉʳ indigène et la bande du Cagnasmacc Maharai.

(4) Cet effectif comprend les six compagnies du bataillon de chasseurs, la compagnie de canonniers, le détachement du génie, le détachement des subsistances, deux centuries d'Ascaris, le poste de carabiniers et l'infirmerie de garnison avec 12 médecins, 1 pharmacien et 276 malades, donc 185 blancs.

(5) En voie de formation avec les débris des deux bataillons de bersagliers qui combattirent à Adoua. Au bout de quelques jours, ce bataillon eut un effectif d'environ 460 hommes.

(6) A peine débarqués.

(7) Ce bataillon avait deux bulucs (escouades) à Ela Dal et une à Sabderat.

(8) En voie de reconstitution avec les survivants de la bataille d'Adoua et avec les hommes du bataillon de milice mobile que l'on venait de licencier et qui désiraient passer dans les troupes régulières.

(9) Cette compagnie avait deux bulucs à Keren et une à Biscia.

(10) En voie de reconstitution avec les survivants de la bataille d'Adoua.

(11) Environ 100 fusils des bandes Ad Omar étaient à Biscia, 50 des bandes d'Algheden à Ela Dal, 100 des bandes de Sabderat sous le commandement de Ali Nurin à Sabderat et 150 à Kassala.

(12) Environ 160 à Kassala, 500 à Agordat, 500 à Keren, 500 à Adi Ugri, 125 à Adiqualà, 170 à Asmara, 150 à Saganeiti, 500 avec le capitaine de Bernardis à Cascassé (Senafé).

PIÈCE JUSTIFICATIVE N° 2

Formation, effectif, armement et emplacement des troupes dans la colonie de l'Erythrée, au 4 avril 1896.

(Voir le croquis n° 2.)

ÉTATS-MAJORS, CORPS, DÉTACHEMENTS, SERVICES.	EFFECTIF.			COMMANDANTS	ARMEMENT.	EMPLACE-MENTS.
	Officiers.	Troupe.	Quadru-pèdes.			
Et.-maj. du commandant en chef (1)...	10	69	86	L'-g¹ Baldissera.	»	Asmara.
1ʳᵉ DIVISION						
Et.-maj. de la 1ʳᵉ division (2)........	7	33	34	L'-g¹ del Mayno.	»	Massaouah.
1ʳᵉ brigade d'infanterie.						
Et.-maj. de la 1ʳᵉ brigade............	»	»	»	Maj.-g¹ Bisesti.	»	(3)
Et.-maj.du 8ᵉ régiment d'infanterie	4	4	14	Col. Pittaluga.	70-87	Ad Auscia.
19ᵉ bataillon........	20	541	72	Major Zuccotti.	70-87	Id.
24ᵉ id.	20	539	68	Major Vita.	70-87	Id.
25ᵉ id.	15	529	71	Major Garassino.	70-87	Id.
Et.-maj.du 9ᵉ régiment d'infanterie	3	2	13	Col. Vacquer.	70-87	Id.
22ᵉ bataillon........	21	574	72	Major Stazza.	70-87	Id.
23ᵉ id.	24	529	67	Maj. Tirinnanzi.	70-87	Id.
27ᵉ id.	19	543	68	L'.-col. Ferioli.	70-87	Id.
2ᵉ brigade d'infanterie.						
Et.-maj. de la 2ᵉ brigade............	3	12	14	Maj.-g¹ Barbieri.	»	Gura.
Etat-maj. du 10ᵉ régiment d'infanterie..	4	8	16	Colonel Ragni.	70-87	Id.
26ᵉ bataillon........	20	530	69	Major Montanari.	70-87	Id.
28ᵉ id.	17	518	68	Major Mangot.	70-87	Id.
29ᵉ id.	19	548	69	Major Carpi.	70-87	Id.
Etat-maj. du 1ᵉʳ régiment de bersaglieri.	4	4	16	Col. Clericetti.	70-87	Id.
2ᵉ bataillon........	13	460	67	Major de Stefano.	70-87	Id.
4ᵉ id.	15	554	65	Major Lavallea.	70-87	Id.
5ᵉ id.	21	543	70	Major Simonetti.	70-87	Id.
1ʳᵉ brigade d'artillerie.						
Et.-maj. de la 1ʳᵉ brigade d'artillerie ...	4	3	7	Major Isetta.	»	Id.
1ʳᵉ batt. de montagne.	5	212	106	Capit. Casana.	»	Id.
2ᵉ id.	5	202	106	Capit. Diliberto.	»	Id.
3ᵉ id.	5	210	119	Capit. Caorsi.	»	Id.
5ᵉ bataillon indigène .	17	900	88	Major Ameglio.	70-87	Mai Serau.
2ᵉ compagnie du génie.	5	134	36	Capit. Montanari.	70-87	Id.
5ᵉ id.	4	149	42	Capit. d'Ercole.	91	Asmara.
1ʳᵉ section de santé..	4	39	18	Cap.-méd¹ⁿ Jorio.	»	Id.
TOTAL de la 1ʳᵉ div..	**299**	**8.320**	**1.485**			

(1) Voir les notes et renvois à la gauche du tableau.

ÉTATS-MAJORS, CORPS, DÉTACHEMENTS, SERVICES.	Officiers.	Troupe.	Quadru-pèdes.	COMMANDANTS	ARMEMENT.	EMPLACE-MENTS.
2ᵉ DIVISION						
Et.-maj. de la 2ᵉ division (4)..........	8	48	40	Lieut.-gᵃˡ Heusch.	»	Ghinda.
3ᵉ brigade d'infanterie.						
Et.-maj. de la 3ᵉ brigade d'infanterie..	4	16	15	Mᵒʳ-g. Gazzurelli.	»	Id.
Et.-maj. du rég. alpin.	3	17	13	Colonel Troya.	91	Baresa.
1ᵉʳ bataillon........	21	668	70	Major Carlino.	91	Id.
2ᵉ id.	21	651	69	Major Falco.	91	Id.
3ᵉ id.	17	576	68	Major Locatelli.	91	Id.
4ᵉ id.	20	657	68	Major Favre.	91	Id.
3ᵉ bat. de bersagliers.	12	500	60	Maj. Siotto-Pintor	70-87	Halai.
5ᵉ brigade d'infanterie.						
Et.-maj. de la 5ᵉ brigade d'infanterie...	4	13	14	Maj.-gᵃˡ Mazza.	70-87	Saganeiti.
Etat-maj. du 3ᵉ régiment d'infanterie..	4	17	14	Col. Brusati.	70-87	Degrà.
17ᵉ bat. d'infanterie..	14	440	67	Major Dalmazzi.	70-87	Id.
21ᵉ id. ..	18	526	69	Major Bandini.	70-87	Id.
30ᵉ id. ..	20	459	65	Maj. Poli Guerini.	70-87	Id.
Etat-maj. du 7ᵉ régiment d'infanterie..	7	17	11	Col. de Boccard.	70-87	Saganeiti.
12ᵉ bataillon	15	554	67	Major Amatucci.	70-87	Id.
18ᵉ id.	19	531	66	Major Olivero.	70-87	Id.
20ᵉ id.	18	509	64	Major Toscani.	70-87	Id.
2ᵉ brigade d'artillerie.						
Et.-maj. de la 2ᵉ brigade d'artillerie ...	2	3	7	Major Tettoni.	»	Id.
4ᵉ batt. de montagne.	6	141	117	Capit. Valesi.	»	Id.
5ᵉ id.	4	155	117	Capitaine Fassini Camossi.	»	Id.
6ᵉ id.	5	155	114	Capit. Martinez.	»	Id.
1ᵉʳ bataillon indigène.	14	778	70	Maj. Cisterni (5).	70-87	Halai.
3ᵉ compagnie du génie.	4	178	39	Capit. Bonelli.	70-87	Ghinda.
4ᵉ id.	5	135	52	Capit. Abruzzese.	70-87	Aidereso.
6ᵉ id.	4	120	43	Capit. Pecco.	91	Mahio.
2ᵉ section de santé...	4	65	55	Cap.-mᵗᵉ Boccia.	»	Ghinda.
TOTAL de la 2ᵉ div...	273	7.925	1.454			
TOTAL : état-major du command. en chef, 1ʳᵉ et 2ᵉ divisions..	572	16.245	2.939			
TROUPES NON ENDIVISIONNÉES						
Corps indigènes (6).						
Commandement des troupes indigènes..	4	27	40	Colonel Stevani.	»	Kassala.
2ᵉ bataillon indigène.	17	1.220	85	Major Hidalgo.	70-87	Id.
3ᵉ id.	13	495	63	Capit. Zoli.	70-87	Id.
6ᵉ id.	15	807	66	Major Cossu.	70-87	Id.
7ᵉ id.	12	675	73	Cap. de Bernardis	70-87	Id.
A reporter.....	61	3.224	327			

ÉTATS-MAJORS, CORPS, DÉTACHEMENTS, SERVICES.	EFFECTIF.			COMMANDANTS	ARMEMENT.	EMPLACEMENTS.
	Officiers.	Troupe.	Quadrupèdes.			
Reports....	61	3.224	327			
8e bataillon indigène.	10	548	47	Major Amadasi.	70-87	Kassala.
Bandes Mulazzani....	1	501	6	Lieut. Mulazzani.	70-87 et Remington.	Adiqualà.
— Sapelli......	2	770	7	Lieut. Sapelli.		Asmara.
Batterie indigène	5	242	274	Cap. Costantino.		Asmara (deux sect. à Kassala).
2e *régiment de bersagliers.*						
Et.-maj. du 2e régiment bersagliers.......	3	19	14	Col. Paganini.	91	Asmara.
6e bat. bersagliers...	19	570	68	Major Pullé.	91	Seichet.
7e id. ...	21	604	68	Major Testori.	91	Asmara.
4e *brigade d'infanterie.*						
Et.-maj. de la 4e brigade d'infanterie...	3	18	13	Maj.-g'l Valles.	»	Saati.
Etat-maj. du 2e régiment d'infanterie..	3	17	13	Colonel Cortese.	91	Sabarguma.
40e bat. d'infanterie..	21	614	57	Major Coen.	91	Id.
41e id.	18	602	52	Major Francioni.	91	Id.
42e id.	22	583	57	Major Defonseca.	91	Id.
Etat-maj. du 4e régiment d'infanterie..	3	18	13	Col. Aliprindi.	91	Ghinda.
31e bat. d'infanterie..	20	586	64	Major Minucci.	91	Id.
33e id.	21	605	64	Major Ivaldi.	91	Id.
36e id.	21	553	62	Maj. Campanini.	91	Id.
Etat-maj. du 5e régiment d'infanterie..	3	20	13	Colonel Ubaudi.	91	Saati.
32e bat. d'infanterie..	21	599	68	Major Segù.	91	Id.
34e id.	21	572	67	Major Rivera.	91	Id.
35e id.	17	632	67	Major Morozzo della Rocca.	91	Id.
6e *régiment d'infanterie.*						
Etat-maj. du 6e régiment d'infanterie..	3	18	13	Col. Corticelli.	70-87	Archico.
13e bat. d'infanterie..	10	582	66	Major Mayneri.	70-87	Id.
14e id.	12	598	68	Lt.-col. Violante.	70-87	Id.
15e id.	19	612	64	Maj. Angelotti.	70-87	Massaouah.
16e id.	13	595	68	Maj. Giordana.	70-87	Asmara.
3e *brigade d'artillerie.*						
Et.-maj. de la 3e brigade d'artillerie (1).	4	8	15	Major Morin.	»	Sabarguma.
7e batt. de montagne.	5	160	90	Capit. Mottura.	»	Id.
8e id.	5	186	100	Capit. Michelini.	»	Id.
4e id.	5	160	90	Capit. Bertolé.	»	Id.
1er bat. d'infanterie..	15	504	89	Major Folchi.	70-87	Adi Ugri.
Garnison d'Adigrat ..	43	2.000	113	Maj. Prestinari.	70-87	Adigrat.
Autres garnisons, détachements, services, etc..........	270	7.980	5.107			
Total des troupes non endivisionnées.....	729	25.300	7.309			
Total général (8)..	1.301	41.545	10.248			

NOTES ET RENVOIS DE LA PIÈCE JUSTIFICATIVE N° 2.

(1) Y compris le détachement de carabiniers et de Zaptiès, sous le commandement du capitaine Amenduni.

(2) Le quartier général de la 1ʳᵉ division était ainsi composé :
Lieutenant-général del MAYNO, commandant ;
Lieutenant-colonel d'état-major ARIMONDI, chef d'état-major ;
Capitaine d'état-major SAILER ;
Lieutenant de grenadiers GALLUPPI, à la disposition ;
Lieutenants de cavalerie : Emo CAPODILISTA et PADULLI, officiers d'ordonnance ;
Lieutenant d'infanterie ROPPA, commandant du quartier général.

(3) Débarqua le 7 avril.

(4) Le quartier général de la 2ᵉ division était ainsi composé :
Lieutenant-général HEUSCH, commandant ;
Major d'état-major ANGELOTTI, chef d'état-major ;
Capitaine d'état-major MOSSOLIN ;
Capitaines alpins : CATTANEO, à la disposition ; RUBIOLO, commandant du quartier général ;
Lieutenants alpins : FRANCESETTI, officier d'ordonnance ; MIRAVALLE, attaché aux convois ;
Lieutenant comptable BERNARDI.

(5) Il fut nommé le 10 avril.

(6) Les Ascaris des bataillons indigènes étaient armés du mousqueton 70-87, mais ils ne faisaient pas usage du chargeur. Les hommes des bandes étaient, pour la plupart, armés du fusil modèle 70 et en petit nombre de mousquetons 70-87 et de Remington égyptiens et italiens.

(7) La 7ᵉ et la 9ᵉ batterie furent licenciées le 22 avril, en raison de la mortalité des quadrupèdes causée par le typhus et l'épuisement. La 8ᵉ batterie, complétée avec les animaux des deux autres, fit partie de la 1ʳᵉ brigade d'artillerie.

(8) Soit en tout : 40 bataillons italiens, 7 bataillons indigènes, 9 batteries de montagne italiennes (54 canons), une batterie de montagne indigène (8 canons), 7 compagnies du génie (6 de sapeurs, 1 de télégraphistes) plus des fractions moins importantes, les garnisons des forts et les services.

PIÈCE JUSTIFICATIVE N° 3

Notes sur l'organisation des services.

Convois. — Un ordre du 15 mars fixa une dotation de 10 mulets pour chaque état-major de brigade et de régiment et une dotation de 60 mulets pour chaque bataillon italien. Avec ces animaux, les états-majors et les troupes devaient transporter à leur suite une partie de leurs munitions, deux journées de vivres ordinaires, moins la viande, deux journées d'orge pour les animaux et deux tonnelets par compagnie pour le service de l'eau.

Munitions. — Dans les corps italiens d'infanterie, armés du fusil ou du mousqueton modèle 70-87, chaque soldat dut porter sur lui 96 cartouches. Les convois en portaient 30 autres pour chaque fusil ou mousqueton. Pour les corps armés du fusil modèle 91, le nombre de cartouches portées par chaque soldat fut fixé à 162 ; les convois en portaient 36.

Un ordre du 25 mars fixa, pour les batteries de montagne italiennes, l'effectif organique à 190 hommes de troupe et à 110 animaux. Avec ces moyens, chaque batterie devait constituer une section de parc pour le transport de 50 coups par pièce et transporter à sa suite deux journées de vivres ordinaires, moins la viande, deux journées d'orge pour les animaux et deux tonnelets pour le service de l'eau. De cette façon, chaque batterie était approvisionnée à 180 coups et 6 boîtes à mitraille par pièce. Dans chaque brigade de batteries, les sections de parc pouvaient se réunir sous le commandement d'un capitaine et d'un officier subalterne affectés spécialement à ce service, dans le cadre de l'état-major de la brigade.

On n'organisa pas de parcs d'artillerie divisionnaires ni de parcs de corps d'armée, d'abord à cause de fortes pertes de quadrupèdes frappés par le typhus ou morts d'épuisement, ce qui déjà rendait très difficile de maintenir au complet les effectifs des batteries et des convois des corps, puis parce que l'on ne voulut pas former de trop longues ni de trop pesantes colonnes, car elles étaient destinées, la plupart du temps, à ne passer que par des sentiers de montagne.

Approvisionnements. — Chaque homme de troupe italien portait avec lui deux rations de vivres de réserve (biscuit et boîtes de viande de conserve). Sur les convois des corps italiens, on transportait deux rations de vivres ordinaires moins la viande, pour les hommes et deux rations d'orge pour les animaux. Chacune de ces rations était ainsi composée :

Farine	0k,800
Pâtes ou riz	0 150
Sel	0 030
Café	0 015
Sucre	0 022

Fromage............................ .... 0 025
Conserve 0 025
Orge pour les animaux italiens................ 4 kilos.
—   —   indigènes.............. 2 kilos.

La viande nécessaire aux distributions journalières suivait, sur pied, les troupes, en petits parcs proportionnés aux besoins. Elle se distribuait sur pied aux corps, qui les abattaient. On avait pourvu les corps des instruments et outils nécessaires.

Le pain était, la plupart du temps, confectionné par la troupe à la manière indigène (burgutta).

Pour le fonctionnement du service des subsistances, à la suite immédiate des troupes, on organisa une seule section de subsistances divisée en fractions, que l'on pouvait détacher, suivant les besoins, auprès des divisions ou des brigades isolées.

SERVICE DE SANTÉ. — On organisa trois sections de santé. La 1re et la 2e furent affectées à la 1re et à la 2e division qu'elles suivirent dans leurs mouvements. La 3e section resta en réserve à Asmara, et n'eut jamais l'occasion d'en bouger.

Chaque section de santé fut organisée de la manière suivante :

1° *Personnel* : 1 capitaine médecin chef; 2 médecins subalternes, adjoints; 12 hommes de troupe du personnel sanitaire italien; 30 conducteurs; 32 porteurs indigènes; 38 mulets (indépendamment de ceux des officiers).

2° *Matériel* : 2 paires de cantines médicales; 1 paire de petits coffres à eau; 8 brancards pliants.

Le personnel sanitaire des troupes était pourvu de trousses de pansement et de bidons pour les brancardiers.

La Croix-Rouge organisa, de son côté, trois ambulances, avec son personnel et son matériel; les animaux et les conducteurs furent fournis par le commandant en chef. Ces ambulances prirent les numéros 6, 9 et 10. L'ambulance n° 6 fut affectée à la 1re section de santé, l'ambulance n° 9 à la 2e section et enfin l'ambulance n° 10 à la 3e section.

GUIDES. — A chaque état-major de division et de brigade, furent affectés, pour remplir les fonctions de guides, deux ascaris de cavalerie et quatre ascaris du 5e bataillon indigène qui connaissaient l'Oculé-Cusai et la Scimenzana.

TROUPES INDIGÈNES. — Chaque bataillon indigène avait 60 mulets (indigènes) pour le transport des bagages et de quatre rations de farine pour les indigènes, plus quatre rations de réserve pour les officiers et les gradés italiens.

Les ascaris réguliers étaient munis, en moyenne, de 128 cartouches chacun, 40 étaient portées dans une cartouchière attachée aux flancs et 88 dans l'étui-musette.

Les hommes des bandes avaient en moyenne 40 cartouches chacun.

La batterie indigène avait le même nombre de munitions que les batteries italiennes.

La ration journalière des indigènes était de 600 grammes de farine. En outre, on leur faisait de fréquentes distributions de sel (50 grammes) et de viande sur pied (800 grammes).

PIÈCE JUSTIFICATIVE N° 4.

Formation, effectif et emplacements au 4 mai 1896, du corps d'opération de l'Agamé et de la colonne chargée de la démonstration sur Adoua.

(Voir croquis n° 3.)

ÉTATS-MAJORS CORPS ET DÉTACHEMENTS.	OFFICIERS	TROUPE.	QUADRU-PÈDES.	EMPLACEMENTS
a) CORPS D'OPÉRATION DE L'AGAMÉ.				
Etat-major du commandant en chef.	10	71	113	Cherseber.
1ʳᵉ DIVISION.				
Etat-major de la 1ʳᵉ division........	7	33	34	Legat (Adigrat).
Etat-major de la 1ʳᵉ brigade d'inf...	3	18	17	Id.
8ᵉ régiment d'inf. (bataillons 19, 24, 25)	57	1.446	222	Id.
9ᵉ régiment d'inf. (bataillons 22, 27)..	45	1.008	151	Id.
Etat-major de la 2ᵉ brigade d'inf. ..	2	13	15	Id.
10ᵉ reg. d'inf. (bataillons 26, 28, 29)	63	1.535	225	Id.
1ᵉʳ rég. bersagliers (bataillons 2, 4, 5)	59	1.478	219	Id.
1ʳᵉ brig. d'artillerie (batteries 1, 2, 3).	21	616	376	Id.
1ʳᵉ section de santé..............	3	39	48	Id.
TOTAL de la 1ʳᵉ division........	260	6.186	1.307	
2ᵉ DIVISION.				
Etat-major de la 2ᵉ division........	8	50	43	Cherseber.
Etat-major de la 3ᵉ brigade d'inf..	5	25	19	Id.
Régiment alpin (bataillon 1, 2, 3, 4).	78	2.343	287	Id.
Etat-major de la 5ᵉ brigade d'inf ...	4	17	21	Id.
3ᵉ régiment d'inf. (bataillons 21, 30).	41	910	151	Id.
7ᵉ régiment d'inf. (bataillons 12, 18, 20)	54	1.440	218	Id.
2ᵉ brig. d'artillerie (batteries 4 et 6).	14	402	248	Id.
2ᵉ section de santé..............	4	65	55	Id.
TOTAL de la 2ᵉ division	208	5.252	1.042	
TROUPES NON ENDIVISIONNÉES.				
Colonne Stevani { 3ᵉ bataillon de bersagliers.	15	498	71	Mai-Musreb.
1ᵉʳ, 2ᵉ, 3ᵉ, 1/2 7ᵉ bat. indig. .	58	2.642	322	Id.
batterie indigène (2 sect.).	4	151	152	Id.
Bataillon de chasseurs.	21	622	66	Adigrat.
Bandes de l'Hamasen et de l'Oculé-Cusai	2	682	8	Maimarat.
Compagnies du génie 2, 3, 7.......	13	421	129	Cherseber.
Subsistance, trésor, service des étapes....................	9	60	27	Id.
TOTAL du corps d'opération de l'Agamé	600	16.585	3.237	

Rapp. Baldissera.

ÉTATS-MAJORS CORPS ET DÉTACHEMENTS.	EFFECTIF.			EMPLACEMENTS
	OFFICIERS	TROUPE.	QUADRU- PÈDES.	
b) COLONNE POUR LA DÉMONSTRATION DANS LE TIGRÉ.				
Etat-major de la colonne (colonel Paganini....................	3	20	14	Gundet.
6ᵉ et 7ᵉ bataillons de bersaglicrs....	42	1.145	135	Guda-Guddi, Adi-gana.
2ᵉ compagnie du 1ᵉʳ bataillon d'inf..	7	210	45	Adigana.
Bandes du Séraé..................	1	598	6	Mehuquan.
Chitet de Adi-Ugri................	1	97	»	Guda-Guddi.
Bande de Degiac Tesfai	»	45	1	Adiqualà.
Section de montagne..............	1	40	35	Guda-Guddi.
TOTAL.........	55	2.155	236	

TOTAL GÉNÉRAL :

Officiers......................... 655 ⎫ 19.395
Troupe........................... 18.740 ⎬
Quadrupèdes 3.473

De ces 19.395 hommes, 15.015 sont Italiens et 4.380 sont indigènes.

Le corps d'opération de l'Agamé comprend :
Bataillons, 24 1/2, dont 21 italiens et 3 1/2 indigènes ;
Batteries italiennes. 5 (30 pièces) ;
Batterie indigène (4 pièces) ;
Des bandes, du génie, divers services.

La colonne Paganini comprend :
2 bataillons 1/2 ;
1 section d'artillerie (2 pièces) ;
Des bandes du Chitet, divers services.

En tout : 27 bataillons, 36 canons, des bandes du Chitet, du génie, divers services.

PIÈCE JUSTIFICATIVE N° 5

Télégrammes (1).

Télégramme du commandant en chef au vice-gouverneur.
(15 avril.)

Notre situation, qui pourrait être militairement bonne, est au contraire très grave, à cause du manque imprévu des vivres. Nous n'avons plus ni farine, ni orge, ni biscuit. Jusqu'à présent, par Maio, on n'a vu arriver que quelques dizaines de chameaux ; on va décidément de mal en pis. Je vous prie de faire tous vos efforts pour y porter remède. A ces difficultés, s'ajoutent les mille autres provenant de la sécheresse persistante.

Télégramme de l'intendant au commandant en chef.
(16 avril.)

Je vous rends compte, par mon télégramme de ce jour, des conditions dans lesquelles nous nous trouvons, au point de vue des ravitaillements.

Quelque embarrassant que puisse être le manque de vivres actuel à Adi-Caié, il doit cesser très prochainement grâce à l'arrivée, en ce point, par fractions successives, jusqu'au 22 courant, d'environ 2.000 quintaux de vivres partis de Massaouah dans la première quinzaine de ce mois et déjà annoncés. A Saganeiti également, on a expédié, du 7 au 15 courant, plus de 1.700 quintaux de vivres qui certainement seront tous arrivés à destination avant le 23 courant.

Sur la ligne Saati-Asmara, à cause de l'épuisement rapide et imprévu des mulets qui assuraient exclusivement le service de cette ligne déjà bien peu productive, le ravitaillement a subi une secousse sensible à laquelle il est difficile de remédier puisque tous les chameaux de l'entreprise, comme les chameaux de l'armée, se trouvent en voyage dans des directions presque toutes différentes.

Cependant, grâce à des expédients, le ravitaillement sur cette ligne continue, mais à grand'peine. Toutefois l'épuisement et la mortalité, non seulement des mulets mais même des chameaux, sinon pour le moment présent, éveillent de graves préoccupations pour un avenir très prochain, c'est-à-dire pour la période comprise entre le 25 courant et le 5 mai environ. C'est pour cette dernière date, suivant les assurances du vice-gouverneur, que nous sommes assurés de recevoir une sensible augmentation de chameaux. L'entreprise elle-même ne peut tenir ses engagements; c'est pour cela que bien des prévisions sont en défaut.

---

(1) On ne publie que les télégrammes indispensables pour faciliter l'intelligence du texte du rapport du général Baldissera. (*Note de la rédaction italienne.*)

A partir d'aujourd'hui jusqu'au 25 courant, on pourra expédier successivement sur Adi-Caié-Saganeiti, environ 2.500 quintaux de viande, en utilisant pour le transport, non seulement les lignes Maio et Saganeiti avec des animaux de l'entreprise et de l'armée, mais encore la ligne Zula, selon des conventions arrêtées aujourd'hui avec l'entreprise. Par suite, si la situation présente n'est pas florissante, je ne la considère pas cependant comme très inquiétante, pourvu que la mortalité des animaux n'augmente pas et à la condition que les nouvelles acquisitions, faites par le vice-gouverneur, ne viennent pas à manquer. La période la plus critique sera probablement les premiers jours de mai; on peut en diminuer les inconvénients, en réalisant dès maintenant de sérieuses économies. Il faudrait connaître ici, en temps opportun, l'époque à laquelle les troupes se rendront à Saganeiti, pour régler à l'avance l'envoi des ravitaillements, de façon à éviter, autant que possible, aux animaux et aux vivres, des mouvements qui ne sont pas strictement nécessaires.

Je désirerais connaître, en outre, pour le même motif, quand les troupes installées à Gura et à Mai-Serau, cesseront de se ravitailler par la ligne Asmara - Decameré.

Au point de vue de l'intendance, la meilleure solution serait de cesser complètement les ravitaillements par la ligne Asmara, en les dirigeant presque exclusivement sur Adi-Caié et Saganeiti. Enfin, je désirerais connaître dans quelle proportion je dois envoyer à Adi-Caié et à Saganeiti, les prochains ravitaillements dont j'ai parlé plus haut.

Télégramme du commandant en chef à l'intendant.
(22 avril 1896.)

Le manque de vivres, qui persiste, nous condamne à la plus cruelle inaction. Notre position militaire est bonne. Adigrat demande à être délivré le plus tôt possible et pourrait l'être; mais nous ne pouvons bouger, car le pain et le fourrage nous manquent. Vous connaissez cet état de choses ainsi que le vice-gouverneur; toutefois, je le rappelle à votre mémoire, à cause de l'immense responsabilité au-devant de laquelle nous allons. Encore une fois, je vous prie et je vous conjure de faire tous vos efforts pour nous sortir de cette terrible situation. Pour vivre, j'ai déjà réquisitionné tout ce que le pays pouvait fournir. Je vous enverrai des mulets, des ânes et des porteurs jusqu'à la montée de Maio et jusqu'à Ghinda, afin d'abréger le parcours qu'ont à faire les caravanes, je ne puis faire davantage. *Le salut du corps d'expédition est désormais entre vos mains.*

Télégramme de l'intendant au commandant en chef.
(23 avril 1896.)

Je réponds à votre télégramme personnel et confidentiel. Il n'est rien que je ne fasse pour activer la marche des caravanes que l'épuisement des animaux rend si lente. J'envoie encore immédiatement des officiers et des carabiniers sur la ligne Massaouah - Mahio et sur celle de Zula, avec des ordres en conséquence. Malgré tout, je considère comme impossible de conjurer cette crise. Du 14 au 20 courant, on a fait partir de Massaouah et de Zula 1.800 quintaux de farine, 1.600 d'orge, 22.000 boîtes de viande; le tout a été dirigé sur Adi-Caié. Ces vivres devront tous être arrivés le 27 et, au plus tard, le 28 courant, grâce à la dernière poussée vigoureuse que je vais donner. Toutefois, le ravitaillement devra ensuite subir, pendant plusieurs jours, un ralentissement marqué. Par suite, sauf avis contraire de votre part, je considère qu'à ce point de vue, les jours dont je viens de parler, les 27 et 28, sont plus indiqués que tous autres pour entreprendre éventuellement une marche en avant inopinée.

Cependant, comme il faut compter avec l'insuffisance des convois des corps, ce mouvement en avant ne pourra avoir qu'une faible durée, et il devra être suivi, à bref délai, d'un mouvement de retraite.

ANNEXE N° I

DOCUMENTS SUR KASSALA

PIÈCE N° 1

Rapport du major HIDALGO.

TROUPES ROYALES D'AFRIQUE. — *Commandant de la garnison à Son Excellence le gouverneur de la colonie de l'Erythrée à Asmara.*

Kassala, le 18 avril 1896.

J'ai l'honneur de rendre compte à Votre Excellence de ce qui suit :

Quand je pris le commandement de la garnison de Kassala, la situation militaire sur notre frontière occidentale était la suivante :

L'Atbara était occupé par les Derviches qui tenaient garnison à Osobri et à El Fascer.

A Osobri, commandait l'émir Ahmed Ali avec 650 fusils, 700 lances et environ 250 chevaux en mauvais état.

A El Fascer, se trouvait l'émir Cater-el-Amdam, avec environ 800 fusils, presque autant de lances et une centaine de chevaux en excellente condition.

A Ghedaref, l'émir Ahmed Fadil disposait d'environ 3.000 fusils, de presque autant de lances et d'environ 200 chevaux.

A Aderama, avec Osman Digma, il y avait une cinquantaine de fusils, un millier de lances et environ 200 chevaux.

Plus tard, Cater el-Amdam abandonna El Fascer et fut remplacé par l'émir Uold-el-Keber, avec une cinquantaine de fusils.

On ne parlait pas d'opérations contre Kassala, à cause de la crue imminente de l'Atbara. Toutefois, les émirs avaient reçu l'ordre de se rendre à Khartoum pour conférer avec le khalife. Tout était tranquille, et on ne pensait qu'à améliorer les conditions économiques de cette région.

Le marché n'était pas dans des conditions florissantes, les denrées de première nécessité coûtaient très cher, puisqu'elles provenaient de Massaouah. Les tribus consommaient une partie seulement de leur maigre récolte de grain, parce qu'elles voulaient garder l'autre partie pour les semailles et elles vivaient péniblement du commerce qu'elles faisaient du bois, du beurre, du lait et du petit bétail.

Il s'agissait d'améliorer les conditions de Kassala, en tirant profit de la fertilité de son sol et attirer ainsi les populations de l'Atbara qui vivaient mal, à cause de la rareté des moyens de subsistance.

Le gouverneur me donna donc l'ordre de faire de la culture, sur une vaste échelle, pour donner l'impulsion nécessaire, à ces populations indolentes par nature et ne s'inquiétant point de l'avenir.

Les cultures eurent un plus grand développement dans la plaine de Kassala; les ascaris travaillaient pour le compte du gouvernement, sous l'habile direction du capitaine Magnaghi et du lieutenant della Chiesa della Torre, et tous les indigènes des tribus rivalisaient d'ardeur pour préparer le terrain et faire les semailles.

Cette première tentative échoua, parce que, au moment où la récolte promettait le plus, les oiseaux et les sauterelles détruisirent tout.

Plus tard, on fit des essais à Gulusit, à Futa et à Adarcaiai, entre les deux branches du Gasc. Ces cultures réussirent complètement et, si l'on avait pu faire la récolte, les populations auraient eu du grain, en abondance, pour leurs besoins ordinaires, et pour en vendre au marché. Le gouvernement en aurait fait entrer dans ses magasins une quantité capable de suffire, pendant au moins six mois, aux besoins de la garnison et cela au grand avantage du budget colonial.

Peu de mois après, de vagues bruits commencèrent à courir, annonçant que les Derviches avaient l'intention d'attaquer Kassala et que c'était surtout le fanatique Osman Digma qui voulait la guerre, quitte à la faire avec ses seules troupes.

Au 25 novembre, les forces des Derviches sur la frontière étaient les suivantes :

A Ghedaref, il y avait toujours l'émir Ahmed Fadil, avec 4.000 fusils, autant de lances et 400 chevaux.

A El Fascer, se trouvait l'émir Uold-el-Keber, avec environ 40 fusils.

Le corps d'Osobri comprenait environ 400 fusils, 500 lances et peut être 50 chevaux.

A Adarama, il y avait environ 50 fusils, 1.000 lances et 150 chevaux.

Vers le milieu de décembre on commença à savoir que des renforts avaient été envoyés de Khartoum à Ghedaref.

D'abord, Son Excellence le gouverneur, par son télégramme du 12 décembre, m'informait que, de Souakim, on affirmait que les Derviches tentaient un mouvement contre Kassala ; il m'ordonnait de veiller et de rendre compte.

Le 15 du même mois, je reçus deux autres télégrammes dans lesquels il m'annonçait que les Derviches se préparaient pour attaquer Kassala le 20 décembre.

Le 18, nos espions, envoyés sur des chameaux coureurs, sur la route de Abu-Harras, rentrent et me rendent compte que vers le 20 du mois écoulé, un certain Abesan, des Taiscia, cousin du khalife, est parti de Khartoum, avec 70 étendards, environ 3.000 fantassins, en grande partie armés de fusils, et 1.000 chevaux, pour se diriger sur Refaa.

D'après nos espions, Abesan devait aller de Refaa à Ghedaref, puis marcher sur Kassala.

Cette nouvelle avait une certaine importance, car, si le corps de renfort était réellement commandé par un parent du khalife, on en pouvait facilement déduire que ce dernier voulait une action vigoureuse contre Kassala.

De mon côté, j'étais certain que les Derviches, poussés par Mangascia et profitant de la guerre que la colonie avait à soutenir contre l'Abyssinie, tenteraient une action, sinon directement contre le fort, tout au moins contre les tribus, nos protégées.

Aussi, je ne cessai pas de travailler, pour augmenter sans cesse les moyens de défense du fort et afin de le munir de tout ce qui était nécessaire pour lui permettre une longue et vigoureuse résistance.

On démolit les murs et les débris de la ville égyptienne pour donner aux canons et aux fusils un champ de tir assez étendu. On creusa d'autres puits; on construisit un four ainsi qu'un moulin pour moudre le grain. On repéra les diverses distances pour le tir de l'artillerie; on essaya d'installer une station optique à Sabderat et une autre à Ela-Dal, les essais furent couronnés de succès; on fit d'autres expériences avec les pigeons voyageurs, mais elles ne réussirent pas; on habitua les ascaris au maniement des mitrailleuses.

Le fort Baratieri fut construit par le 1er bataillon indigène, autour du vaste édifice qui constitue le magasin pour l'égrenage du coton de Muntzinger et, par conséquent, dans la partie la plus basse de la plaine de Kassala. Ce fort a une forme pentagonale, avec un saillant sur le front, deux caponnières, deux plates-formes pour six pièces chacune, et un tambour à l'entrée. Sa ligne de feu, qui a un développement de 590 mètres, enferme une superficie de 15.951 mètres carrés. Il est environné d'une zeriba, d'un réseau de fil de fer de 8 mètres de largeur et d'un fossé. Les murs sont hauts, en moyenne, de 2m,58. Le fort est muni d'un puits maçonné et de quatre puits à parois revêtues, à la façon indigène. Il est armé de quatre pièces de 9 de campagne, de deux de 7 de montagne et de quatre mitrailleuses à deux canons. La garnison était composée du 2e bataillon indigène, d'une section d'artillerie de montagne indigène et des détachements de canonniers, du génie et des subsistances. En tout : 20 officiers, 82 hommes de troupe italiens et 1.225 indigènes.

Du côté est, le terrain était battu jusqu'au mont Mocram ; des côtés nord et ouest, on pouvait utiliser l'extrême portée des canons, puisque le terrain est complètement plat et entièrement découvert. Du côté sud, les vues s'étendaient jusqu'à la Cadmia et jusqu'aux monts de Kassala, mais le terrain était couvert d'une épaisse végétation. Du côté sud-ouest, la vue et le champ de tir étaient limités par les édifices du marché et les ruines de la ville égyptienne, dont les donjons dominaient le fort.

Le 19 décembre, notre informateur, Assabella, partit avec un groupe de 31 ascaris, avec le buluc-bachi Fad-el-Musa Aga Adam et une fraction de 20 hommes (tant Sciucrias qu'Adendoas), armés de fusils et commandés par Ali-el-Sciobeli. Cette troupe se dirigea vers El Fascer pour y faire une reconnaissance. Elle était de retour le 22, après avoir attaqué, par surprise, le camp des Derviches qui fut incendié et détruit. Et nos hommes revinrent apportant comme butin, 16 ânes, 250 chèvres, 4 négarits (1), une fille et une concubine de Uold-el-Keber.

On sut par ces femmes qu'une mission du Tigré se rendit chez Ahmed Fadil et que probablement tout le corps

(1) Le mot négarit signifie tambour. Le négarit est un insigne de commandement.

de Ghedaref devait se réunir à Ghira, sur le Setit, d'où il aurait tenté une opération contre les Bazas et les Barias.

Aussi j'établis un poste d'observation de six ascaris à Tessenei, point d'eau sur le Gasc et à huit heures en amont de Kassala. J'en informai le commissaire royal de Kéren, pour qu'il prévînt le chef des Barias, Arei Agaba, et j'envoyai les instructions nécessaires au commandant de Ela Dal.

J'envoyai, en outre, un muntaz et un ascari à Sagodas et à Catacura pour être tenu au courant de tout ce qui pourrait arriver dans l'Uolcait et au delà du Sétit.

Le 25 décembre, une centaine de cavaliers derviches passant derrière les monts de la Cadmia, attaquèrent, dans la gorge formée par ces montagnes et le mont Mocram, un groupe de 12 soldats de la bande de Sabderat qui se rendaient à Ela Tamarat, leur poste. Les Derviches furent reçus par un feu vif, auquel se joignit le tir du poste d'observation de la gorge ; alors voyant arriver la caravane qu'escortait une compagnie, ils s'enfuirent vers Tocoleibab, ayant eu un cavalier et trois chevaux blessés. En débouchant dans le Gasc, ils surprirent une de nos patrouilles composée de trois ascaris qui succombèrent après une courte lutte.

Le même jour, Son Excellence le gouverneur me télégraphiait que des nouvelles du Caire assuraient que Osman Digma était parti pour Gos Regieb avec 1.000 hommes, dont plusieurs étaient armés de fusils, et 500 chevaux.

J'envoyai des espions vers cette localité pour recueillir des informations.

Le 29, j'appris que les Derviches avaient razzié environ 300 chèvres, au nord de Carcabat, près de Locaeb.

En même temps deux déserteurs, pris par les Bazas de Logodas, m'annoncèrent que Ahmed Fadil avait envoyé un détachement pour occuper Ghira et qu'il n'était point arrivé de forces importantes, provenant de Khartoum. Je

sus, par eux, que à Ghedaref, on ne croyait pas à une attaque contre Kassala ; enfin ces déserteurs confirmèrent que
Ahmed Fadil avait reçu une ambassade abyssinienne.

Le 10 janvier on sut que les Derviches s'étaient couverts
par une ligne d'observation, partant de Ghira et aboutissant à Osobri en suivant le Settit et l'Atbara.

D'autres informateurs confirmèrent que des renforts
étaient arrivés à Ghedaref, non sous les ordres de Obesan,
mais sous ceux de l'émir Mohammed Uold-el-Bessir. Ils
dirent que c'était un ramassis de gens de diverses tribus,
en tout environ 5.000 (y compris les enfants) armés de lances et 500 chevaux. Ils confirmèrent encore la nouvelle
qu'une mission abyssinienne avait été envoyée à Ghedaref.

On prétend qu'Osman Digma excitait Ahmed Fadil à
attaquer Kassala, en lui disant que cette place était complètement dégarnie de forces parce que tous les Italiens
étaient occupés à faire la guerre à l'Abyssinie. Ahmed
Fadil aurait répondu qu'il attendait que le grain du Gasc
(nos cultures) fût à maturité, pour se porter en avant.

D'autres informations affirmaient que Ahmed Fadil,
Ahmed Ali (de Osobri) et Osman Digma avaient été appelés
à El Boga (Khartoum) pour la fête du Muragg.

Sur ces entrefaites, je profitai de la caravane de retour,
pour envoyer à Sabderat deux caisses de cartouches à
poudre noire et, à Ela Dal, deux caisses de cartouches à
poudre noire et deux à balistite.

Le 13 janvier, une vingtaine de cavaliers derviches firent
irruption dans nos cultures et blessèrent deux cultivateurs osangas. Le 15, je renforçai le poste de Futa avec
16 ascaris qui, joints aux 9 qui s'y trouvaient déjà, portèrent l'effectif du poste au nombre de 25. Je fis faire fré-
quemment des marches de centuries, pour que les Osangas, impressionnables comme ils le sont, n'abandonnassent
pas les cultures.

On sait que Gos Regieb n'a pas été occupé par Osman Digma et on attend que les émirs soient de retour de Khartoum pour connaître, par nos espions, déjà envoyés à Suc-Abu-Sin et à Osobri, ce que le Khalife aura ordonné de faire.

Le 31 janvier, un groupe de 15 Scinerias fut envoyé par moi pour se poster sur la route Osobri-Adarama; ce groupe surprit une petite caravane venant de Osobri sous l'escorte de 9 Derviches. Mes hommes en tuèrent quatre, prirent un blessé avec deux femmes et un enfant, et apportèrent comme butin 7 chameaux, avec un peu de gomme, 9 ânes, 5 bœufs, 1 cheval, 4 fusils, quelques lances et sabres et le courrier.

A Osobri, on a envoyé l'émir Abdelrahim Uold el Deghel au lieu de Ahmed Ali que l'on croit être en prison pour avoir commis des exactions à Osobri. Dans la lettre que l'émir Abdelrahim envoie à Osman Digma, pour lui annoncer sa prise de commandement à Osobri, il n'est fait aucune allusion à des opérations contre Kassala.

Je renforçai les postes de garde de Gulusit, de façon que tout en veillant sur nos cultures, ils pussent opposer une première résistance. Je les avertis de faire bonne garde pour éviter des surprises, et je leur ordonnai, en cas d'attaque, de faire une grande fumée avec de la paille déjà préparée à cet effet, si c'était de jour, ou d'allumer un grand feu si c'était de nuit. Je leur prescrivis de se retirer sur le fort, sans trop s'engager. Je donnai l'ordre de commencer à couper le grain, même s'il n'était pas encore mûr, et, le 22 février, j'en avais déjà retiré 150 sacs d'épis de maïs.

Les Alangas et les autres tribus ne voulurent pas suivre mon exemple, parce qu'ils ne croyaient pas encore à la venue des Derviches.

La situation, au 11 février, était la suivante :

Ahmed Fadil toujours à Khartoum.

Dans le corps de Ghedaref, aucun changement.

Le renfort, dont l'arrivée est confirmée, s'élève à 5.000 hommes, 200 chevaux; il y a peu de fusils.

A El Ghira, se trouve Hamed-el-Faragg avec 500 fusils et 70 chevaux.

A Mugatta, il y a Ibrahim Yousef, surnommé Beghel-el-Cura, avec 300 fusils et 50 chevaux.

A El Fascer, se trouve El Galiin Hamed (Taaiscia) avec 250 fusils et 25 chevaux.

Le 16 février, j'envoyai au mont Job (au nord de Gos Regieb) un groupe de 15 Adendoas, armés de fusils, avec 9 ascaris, sous la direction du chef Mustapha Hamed pour exécuter une reconnaissance et recueillir des informations sur Osman Digma et ses troupes.

Les incursions de la cavalerie deviennent plus nombreuses; le 17 à 9 heures, une trentaine de cavaliers se postent sur le point où la route de Futa coupe le Gasc; ils blessent un Alanga, en tuent un autre et emmènent une dizaine d'ânes qui portaient de l'eau aux cultivateurs. Trois heures auparavant était passée par le même point, une centurie avec le lieutenant Bernardis, qui se rendait à Futa.

Le 18, trente autres cavaliers derviches, venant de Birba, se dirigèrent vers les cultures de Gulusit; mais, dès qu'ils s'aperçurent de la présence des ascaris, ils s'enfuirent vers Unsetteba.

J'attendais des nouvelles de l'espion envoyé à Ghedaref et des autres qui étaient à Mugatta et El Fascer. Ces derniers arrivèrent le 21, m'apportant des informations incomplètes, mais qui laissaient supposer que les Derviches avaient augmenté leurs forces à El Fascer, après avoir abandonné Mugatta.

Ce mouvement vers le nord me fit supposer que les Derviches avaient décidé une action contre Kassala et qu'ils commençaient à concentrer leurs troupes à El Fascer.

L'espion de Ghedaref ne revint pas.

Le 22, l'avant-garde des Derviches attaqua les cultures de Gulusit, mais elle fut repoussée.

Les troupes dépendant de Kassala occupaient les emplacements suivants :

A Biscia, un buluc de 28 ascaris avec un buluc-bachi et un muntaz.

A Ela Dal, le lieutenant Pugno, avec 1 jus-bachi, 2 buluc-bachis, 1 muntaz et 57 ascaris; la bande d'Algheden avec le sous-chef Mohammed Nur et 49 hommes.

A Ela Tamarat, la bande de Sabderat avec 76 hommes et 2 sous-chefs de Ali Nurin.

Le service de sûreté autour du fort était le suivant :

Treize petits postes de la force de 1 gradé et de 3 ascaris chacun;

Deux patrouilles journalières.

Il y avait en outre trois postes d'observation, chacun de la force de 1 gradé et de 8 ascaris, au mont Mocram, à la gorge, et au mont Afarà, plus un autre de 6 ascaris à Tessenei.

Pour garder les cultures, il y avait 119 Ascaris, 3 buluc-bachis, et 1 jus-bachi, répartis dans les postes de Futa, Gulusit et Adarcaiai.

Les révélations faites par un prisonnier blessé ne me laissèrent plus aucun doute, et je fus sûr désormais que le corps principal n'allait pas tarder à apparaître devant Gulusit. Aussi je concentrai toutes les troupes dans le fort, après avoir retiré les postes du mont Mocram, de la gorge et du mont Afarà qui ne me servaient plus. Je laissai des patrouilles d'information aux cultures et j'envoyai deux télégraphistes avec des appareils optiques à Sabderat, accompagnés d'une escorte de 20 ascaris.

Le soir du 23, on voit partir tout le gros bétail, une grande partie du petit et bon nombre de femmes et de pasteurs des tribus nos protégées.

Les Alangas vont couper les grains à Futa et en ramassent une grande quantité.

On établit la correspondance optique à Sabderat, dans le cas où la ligne télégraphique viendrait à être coupée et je donnai, au commandant de Ela Dal, les indications nécessaires pour la transmission des télégrammes, au moyen des chameaux coureurs.

Le 25 au matin, tout le corps de Ghedaref, sous le commandement de l'émir Ahmed Fadil, composé de quatre rub (quarts) commandés respectivement par les émirs : Fad-el-Hassana, Nur Angara, Abdallah Falagg et Cater-el-Emdam et de une endadia (réserve) s'établit à Gulusit et commença les travaux pour la construction d'un camp retranché.

De mon côté, j'augmentai la force des petits postes, j'établis un service de patrouilles de nuit sur les routes du Gasc, de Tucruff, de Gulusit, d'Adarcaiai et de Debalné.

Le 26, le poste d'observation de Tessenei rentra à Kassala.

Le 29, le détachement envoyé en reconnaissance au Mont-Job rentra à son tour, avec un butin de 186 brebis.

Le 5 mars, une de nos patrouilles, embusquée vers Tucruf, surprit un parti de cavalerie baggara, en tua le chef et blessa deux hommes.

Depuis ce moment, il y eut, presque chaque jour, des escarmouches entre nos patrouilles et celles des Derviches, ainsi que entre nos petits postes et les détachements ennemis qui cherchaient à les surprendre.

Le 8 mars, Ahmed Fadil envoya un corps de 500 fantassins et de 100 cavaliers attaquer Sabderat, mais il fut repoussé. Pendant le combat, les Derviches détruisirent toute la réserve de farine qui existait en ce point et les ascaris brûlèrent presque toutes leurs cartouches. Le détachement se trouvait donc dans la nécessité d'abandonner cette position, si l'on ne venait promptement à son secours. Voyant que Ela Dal ne pouvait pas envoyer promptement tout ce qu'il fallait, je décidai, en profitant de l'obscurité de la nuit, d'envoyer une caravane avec des vivres et des munitions, sous l'escorte de 50 ascaris, commandés par le lieutenant François Crispi; cette caravane arriva sans incident à 3 heures du matin.

La gorge de Sabderat est une position très importante, puisque c'est un point d'eau très abondant et aussi parce que c'est là que convergent toutes les routes qui, de l'intérieur de la colonie, vont vers Kassala.

De Gulusit, les Derviches envoyèrent de forts groupes de cavalerie pour razzier les tribus, placées sous notre protection.

Quand il se fut bien retranché à Gulusit, Ahmed Fadil envoya une longue lettre au lieutenant Ulderic Pajola, qu'il croyait être le commandant du fort, pour l'inviter à sortir; il lui donnait l'ordre de se rendre ou de laisser les musulmans aller le rejoindre.

Le 16, arriva la caravane mensuelle escortée par le capitaine David Speck, avec 587 ascaris du Chitet et le peloton de cavalerie.

Les 500 chameaux furent placés dans une dépression de terrain au sud du fort, et allèrent journellement au pâturage sous la protection de 200 hommes du Chitet et de 25 ascaris du bataillon.

Le même jour, le capitaine Heusch me télégraphia qu'il était arrivé à Ela Dal et que le 18 il arriverait à Sabderat avec une compagnie de milice mobile.

Ici tout était prêt pour faire partir la caravane le 19, et je comptais la faire escorter par deux compagnies, indépendamment du Chitet du capitaine Speck, jusqu'à la rencontre du capitaine Heusch, qui devait partir quatre heures avant de Sabderat.

Mais le capitaine Heusch n'arriva à Ela Tamarat que le 23 et, à ce moment, la gorge de Kassala était gardée par de l'infanterie et de la cavalerie derviches et, par suite, il n'était pas prudent d'aventurer la caravane qui aurait été certainement attaquée et dispersée.

Le 18 mars, le jus-bachi Serur Aga Abd-el-Radi que le lieutenant Crispi avait laissé à Sabderat sur mon ordre, avec les 20 ascaris formant l'escorte des télégraphistes, 52 hommes du Chitet et 50 des bandes, repoussa, quatre fois de suite, les assauts d'une colonne de 1.200 fantassins et de 300 cavaliers derviches et il les contraignit à battre en retraite. Le jus-bachi fut puissamment aidé par les télégraphistes, Bevilacqua et Gloria, caporaux-majors; Corti, caporal et Figna, soldat.

Après ce nouveau combat, ce détachement se trouvant de nouveau sans vivres et sans munitions, j'envoyai la nuit la 3e compagnie (capitaine Bramanti) avec une caravane de farine et de cartouches.

Pendant ce temps, les Derviches continuaient leurs tentatives de surprises, qui étaient toujours repoussées par nos petits postes.

J'augmentai les défenses accessoires en faisant creuser des trous-de-loup devant la zeriba, entre la zeriba et le réseau de fil de fer, et entre celui-ci et le fossé.

Le matin du 28, on vit devant le fort deux bandes noires, comme des levées de terre fraîchement remuée, l'une au nord, l'autre à l'est. En regardant attentivement avec la lunette, je vis émerger de temps en temps quelques têtes.

Les petits postes m'avertirent que, dans le voisinage de l'ancien lazaret égyptien, les Derviches avaient aussi, pendant la nuit, creusé d'autres tranchées.

Je fis ouvrir le feu de l'artillerie contre les tranchées du nord et de l'est, mais sans résultat apparent; j'envoyai alors le peloton de cavalerie, soutenu par un buluc (1), contre la tranchée est, distante d'environ deux kilomètres. Les Derviches se laissèrent approcher, puis ils ouvrirent un

_____

(1) Escouade indigène.

feu vif qui blessa cinq chevaux; en même temps, deux vieilles pièces égyptiennes qu'ils avaient placées en batterie très loin, envoyèrent quelques grenades qui ne produisirent aucun dommage. J'envoyai vers le sud le lieutenant du génie Antonucci avec 50 ascaris, faire une reconnaissance pour voir l'importance de la tranchée et la combler, si elle n'était pas occupée par des troupes. Un combat s'engagea et je dus envoyer en renfort une centurie, pour dégager nos hommes et les faire rentrer dans le fort.

Pendant ce temps, l'ennemi, protégé par les ténèbres de la nuit, creusait de plus en plus et arrivait à faire de ses tranchées, sur les côtés nord et est, de véritables tranchées d'approche, placées sur trois lignes presque parallèles ; les plus voisines de ces tranchées étaient éloignées du fort d'environ un kilomètre et demi. Les Derviches essayèrent aussi, du côté est, de creuser une tranchée plus rapprochée, mais le petit poste de la 2e compagnie (no 5), porté à l'effectif de 20 ascaris, les en empêcha.

Ces tranchées se voyaient et me donnaient peu de souci. Mon attention était plus spécialement attirée par les tranchées du côté sud, qui étaient protégées par une épaisse végétation, par le marché et par les ruines de la ville égyptienne.

Les Derviches, usant de tous ces avantages, poursuivaient leurs travaux et prolongeaient leurs tranchées jusqu'au Gasc. Ils réparèrent la rive droite de ce fleuve pour mieux s'abriter et ouvrirent une autre tranchée sur la rive gauche. De cette façon, ils menaçaient toujours davantage les donjons occupés par nos petits postes.

Je craignais que les Derviches, devenant plus audacieux et favorisés par le terrain couvert, ne s'approchassent au point d'occuper les donjons eux-mêmes, d'où ils auraient pu battre l'intérieur du fort. Je décidai donc de faire une série de sorties, dans le but de troubler leurs travaux et de les détruire si c'était possible. Je n'avais pu abattre les donjons, la poudre de mine me manquant. Le 31, je fis faire trois sorties qui occasionnèrent quelques pertes à l'ennemi.

Le 1er avril, je retirai les petits postes nos 11 et 12 parce qu'ils étaient trop exposés aux feux des retranchements et je leur fis occuper le grand donjon de l'abattoir, d'où ils purent battre les tranchées et les donjons abandonnés.

A 7 heures du soir, la tranchée sud ouvrit un feu vif contre le fort et les compagnies accoururent, comme d'habitude, au parapet, prêtes à repousser l'ennemi s'il tentait l'assaut. Il y eut dans l'intérieur du fort, 1 mort et 4 blessés. Parmi ces derniers se trouvait le capitaine Brunelli, commandant la 4e compagnie, lequel reçut une balle qui lui brisa le bras gauche.

Selon les ordres reçus du commandant du corps d'opération, une demi-heure après le lever de la lune, j'ouvris un feu vif contre la tranchée sud, pour attirer de ce côté l'attention de l'ennemi, tandis que le corps d'opération s'approchait du fort, en suivant la route au nord du mont Mocram.

Le 2, à 3 heures du matin, le colonel Stevani, commandant le corps d'opération, entrait dans le fort avec une partie de ses troupes.

Les petits postes me rendirent compte qu'ils avaient entendu, au moment où commençait le feu, crier dans les parallèles, puis ils avaient perçu le bruit que faisaient les troupes qui abandonnaient les tranchées, en toute hâte, pour se diriger vers la Cadmia. C'étaient les divers détachements qui quittaient les parallèles pour courir au défilé de Kassala afin d'arrêter le 6e bataillon indigène qui s'avançait de ce côté.

Les tranchées qui environnaient le fort s'étendaient sur quatre points; au nord, à l'est, au sud et au sud-ouest.

Sur le front nord, il y avait trois lignes presque parallèles, distantes entre elles d'environ 150 mètres, et longues (en partant de la plus éloignée) de 335, 200 et 220 mètres. L'excavation était assez profonde pour couvrir un homme debout ; toutefois la ligne la plus voisine, qu'ils ne purent ni compléter, ni occuper, était pour hommes à genou, et était éloignée du fort de 1.000 mètres.

Sur le front est, il y avait trois autres lignes, presque parallèles, distantes entre elles de 150 mètres et ayant respectivement une longueur de 319, 350 et 355 mètres. La plus voisine était à 1.300 mètres du fort, l'excavation était complète et permettait de couvrir un homme debout.

Sur le front sud, il y avait deux tranchées sur la même ligne, une à gauche et l'autre à droite de l'ancien lazaret égyptien, à 1.300 mètres du fort. Ces tranchées, de la longueur de 300 mètres chacune, étaient revêtues avec des feuilles de palmier *dum*, elles avaient des meurtrières dans la masse couvrante et avaient la profondeur des autres. Derrière la tranchée de droite, et à la distance d'environ 100 mètres, il y avait une autre ligne de la même longueur, et derrière encore se trouvait un puits qui avait été réparé pour la circonstance.

Sous le donjon sur le Gasc et entre celui-ci et le donjon occupé par le petit poste n° 11, la rive droite du fleuve avait été arrangée de façon à pouvoir couvrir une fraction de troupe sur une longueur de 200 mètres.

Sur le front sud-ouest, au delà du Gasc, il y avait une autre tranchée longue d'environ 250 mètres, encore inachevée et éloignée du fort d'environ 900 mètres.

Auprès du four, les Derviches creusèrent, pendant une nuit, deux petites tranchées que, le jour suivant, je fis combler, ainsi que le puits voisin.

Du fort, on ne voyait que les tranchées du nord et de l'est.

Toutes ces tranchées étaient creusées en compartiments de 10 mètres environ. Elles n'étaient pas en ligne droite, parce que les Derviches profitaient des buissons et des ondulations du terrain pour mieux se mettre à couvert.

Toutes les lignes de tranchées, complètement achevées, en avaient derrière elles d'autres plus petites pour les chefs et, derrière celles-ci, on en trouvait d'autres pour les chefs supérieurs.

L'excavation était faite de telle sorte que le fond était plus large que l'ouverture, et cela dans le but de se mettre à l'abri du tir des shrapnels.

Le déserteur me dit que les tranchées avaient été creusées avec des pieux recourbés à l'extrémité et durcis au feu, ou avec des pointes de lances; que chaque homme faisait un trou pour lui, en jetant la terre devant lui, et quand ce trou était assez profond pour le recouvrir entièrement, il le réunissait à ceux faits par ses voisins.

Ce travail était fait pendant la nuit et dans le plus grand silence, de telle sorte que les petits postes, dont la vigilance ne se relâcha jamais, ne s'en aperçurent pas.

Les camps retranchés de Gulisit et de Tucruf étaient du même type; le dernier était de forme circulaire, entouré d'une solide palissade, aux branches entrelacées, contre laquelle on jetait la terre que l'on tirait d'un fossé intérieur servant de tranchée. Derrière cette première défense, on avait creusé d'autres lignes de tranchées pour hommes couchés. Dans le centre, il y avait un espace circulaire, entouré seulement d'une palissade, dans laquelle se trouvait le chef suprême, Ahmed Fadil.

La disposition en pentagone des troupes, dans l'intérieur du camp, était la suivante : devant le front de bandière, le 1er *rub* (Fred-el-Hassana); à droite de celui-ci, le 2e (Nur-Angara); à gauche, le 3e (Abdallah Fallag); à gauche de celui-ci, le 4e (Cater-el-Emdam); entre le 2e *rub* et le 4e était la *endadia* (réserve). Les émirs campaient à droite de leur propre *rub*. Entre le réduit intérieur et l'enceinte extérieure se trouvaient la cavalerie et les hommes armés de lances. Les étendards étaient devant la tente du chef.

Ordinairement, dans les marches, les *rubs* étaient accolés. Le 2e était toujours à droite et le 3e toujours è gauche du 1er. Le 4e était à gauche du 3e; la cavalerie marchait en tête et derrière se trouvait le commandant en chef, suivi de la réserve.

Dès que les tranchées furent faites, il ne se passa pas de jour sans que l'ennemi ne fît des salves sur les plates-formes de l'artillerie. Les projectiles tombaient dans l'intérieur du fort, blessant toujours quelqu'un. Du reste, il n'y a pas à s'en étonner si l'on considère que le fort abritait 4.047 personnes et 253 animaux.

Quand l'ennemi commençait le feu, les femmes et les enfants étaient mis à l'abri dans l'intérieur du magasin à coton dont les murs étaient en pierre.

Au total, du 22 février jusqu'au 2 avril, à 3 heures du matin, on eut 3 morts et 20 blessés dans l'intérieur du fort et en tout 23 morts et 55 blessés, en tenant compte des combats de Gulusit, de Sabderat et des diverses sorties.

L'intention des Derviches n'était pas d'attaquer le fort, comme nous le désirions tous, car, certainement, ils auraient été repoussés, et la situation aurait eu la meilleure solution que nous ayons pu désirer; leur but, au contraire, était de nous entourer et de nous priver de tout espoir de secours. Mais le fort avait des vivres en abondance ainsi que des cartouches et tout le nécessaire. La caravane du 16 mars nous apporta encore d'autres vivres. Et, par suite, avec un peu d'économie, on en aurait eu assez pour attendre la crue de l'Atbara (fin de mai au milieu de juin) et l'on savait que cette crue devait amener la fin du siège.

Dans l'intérieur du fort, il y eut toujours le plus grand calme et le plus grand ordre, et toujours le moral de tous est resté excellent.

Toujours et dans toutes les circonstances tout le monde a fait son devoir.

Le Major commandant la garnison,
Signé : I. HIDALGO.

PIÈCE N° 2

Lettre de AHMED FADIL au lieutenant PAJOLA.

Au nom du Dieu, etc., etc...

Du serviteur de son Dieu, Ahmed Fadil, au chef des infidèles à Kassala, le lieutenant Uldéric Pajola.

Nous sommes venus depuis longtemps, en messagers, dans ton voisinage, et tu n'es pas venu chez nous. Ce n'est pas ainsi qu'agit un souverain dans un pays, il ne fait pas comme toi qui ne vas pas trouver ceux qui sont tes voisins, et ne sais pas quelle est la situation. Mais comme tu es dans l'indécision pour les choses qui t'intéressent, ta pensée s'est fatiguée. Si tu sors, nous aurons pour cela une réunion de Musulmans et de Ansar (victorieux) dans la religion de Dieu ; et je suis venu, dans cette région, avec eux, pour démolir l'angle de l'erreur. Dieu a effacé les traces de ceux qui étaient tes voisins, les indigènes et les Arabes mécréants. Leurs cases ont été ruinées jusqu'en des parages lointains vers le Levant. Mais comme tu es resté dans ce trou et comme, avec toi, tu as des subordonnés que tu as mis dans une mauvaise vie et qui se sont unis à toi dans ton fort, jusqu'à ce qu'ils soient décimés et qu'ils aient leurs biens confisqués ; comme tu as insulté leurs femmes sans qu'ils le sachent, je t'ai écrit cette lettre pour voir si, à sa réception, tu te soumettras, te feras musulman, et remettras les subordonnés, que tu as avec toi, pour sauver leur sang. Cela est ce qu'il y a de mieux pour toi. Si tu ne veux pas accepter et si tu restes dans l'infidélité et dans le chemin tortueux et si tu conduis tes subordonnés dans la voie de l'erreur, tu seras vite enveloppé toi et ceux que tu as avec toi, avec le secours de Dieu tout puissant. Parce que tous les Arabes mécréants, dans la victoire desquels tu te fies, ont été détruits par Dieu, et leurs maisons ont été ruinées par quelques Ansar (victorieux) de la religion musulmane. Et ta ruine est facile si tu n'as personne qui te donne la victoire, si tu n'as personne qui te défende, ou qui combatte pour toi. Tu n'as pas de nouvelles de ce qui est arrivé pendant que tu es menacé dans ton trou, c'est ainsi que ton malheur s'est approché, parce que tu es entouré, et si tu sors, tu seras détruit.

Si ton caractère tremblant t'empêche de rendre le calme à ton pays et de défendre ceux qui dépendent de toi, qu'il te suffise de connaître la ruine des maisons et la conquête des familles et des enfants et la démolition du poste de Sabderat. Tu seras informé de tout cela par le porteur de cette lettre qui est un prisonnier pris au poste de Sabderat, après avoir tué ceux qui se sont tués. Cet homme s'appelle bascir (porteur de nouvelles) et il t'annoncera des choses qui te déplairont et qui rendront ta situation difficile, si tu n'abaisses pas la tête, si tu ne te fais pas musulman, et si tu ne te soumets pas et si tu ne conserves pas la vie de tes subordonnés après avoir appris les nouvelles qu'il t'apporte. Si tu es hardi, sors et défends ceux qui dépendent de toi, sinon laisse-les sortir et venir chez nous qui sommes musulmans. Nous les accepterons, nous les rendrons à leurs familles dans leurs tribus Tout ce qui a été écrit, jusqu'à la dernière lettre, est pour toi. Salut à celui qui suit le bon chemin et vit dans la crainte de Dieu.

AHMED FADIL.

PIÈCE N° 3

Rapport du capitaine SPECK, commandant le chitet de Keren.

CHITET DE KEREN

Ela-Dal, le 9 avril 1896

A Monsieur le commandant de la garnison de Kassala.

J'ai l'honneur de vous rendre compte de ce qui suit :

Le 11 mars, à la suite d'un ordre de Son Excellence le gouverneur, je partis d'Agordat pour escorter la caravane mensuelle de Kassala. Cette caravane comprenait 500 chameaux.

L'escorte se composait de 250 hommes du chitet de Kéren, 200 de celui d'Agordat. Il y avait un seul officier et deux gradés pour le chitet de Keren, plus un carabinier et quelques gradés de milice mobile, pour le chitet d'Agordat. Il y avait aussi un peloton de cavalerie commandé par le lieutenant de Dominicis.

Je fis les étapes suivantes :

11 mars : Sciaglet,

12 — Obel,

13 — Ela Dal,

14 — Eradib,

15 — Sabderat,

16 — Kassala.

A Sabderat, je reçus l'ordre, du commandant de la garnison de Kassala, de réunir à mon escorte 100 autres hommes du chitet, arrivés avant moi avec le carabinier Simonazzi, de repartir dans la nuit, si les chameaux pouvaient le faire, de marcher avec précaution, en silence et rapidement, car l'ennemi était à trois quarts d'heure de Kassala. Le commandant de ce fort m'avertissait également

qu'il envoyait au devant de moi six informateurs Scinerias, que quatre autres m'attendaient dans la gorge de Kassala, et que le lieutenant Crispi, détaché à Sabderat avec
50 hommes, devait rentrer à Kassala avec la caravane.

Le 15, à 11 heures du soir, ayant formé ma troupe en
carré, avec les chameaux au centre et me faisant éclairer
par des patrouilles de cavalerie, je sortis de la gorge de
Sabderat; peu après je rencontrai les informateurs qui m'é-
taient annoncés, ainsi que leur chef, Attaballa Recaballa.
Celui-ci me rendait compte qu'il avait trouvé la route libre,
mais que, peu après son départ, Kassala avait été attaqué.

Considérant qu'il ne s'agissait que d'une simple démonstration de la part de l'ennemi, je décidai de continuer la
marche et j'arrivai à Kassala, le 16 mars, à 5 heures du
matin.

Le 18, étant donné que la 3ᵉ compagnie partait pour
Sabderat, une partie des hommes du chitet fut chargée de
défense du front ouest du fort. Ces hommes restèrent là
jusqu'au 2 avril.

Le 31 mars, les hommes du chitet furent également
chargés de veiller sur les fronts est et sud, puisque les
compagnies qui en avaient la garde étaient sorties pour
des opérations militaires.

Le matin du 2 avril, toutes les troupes étant sorties du
fort, pour dégager le bataillon aux prises avec les Derviches, dans la gorge de Kassala, conformément aux ordres
reçus précédemment, les hommes du chitet garnirent tout
le fort, et le soussigné, en étant devenu le commandant,
envoya sur le lieu du combat 8 caisses de cartouches, 20
tonnelets d'eau et des brancards et fit combler les tranchées ennemies les plus voisines du fort.

Pendant ce temps, de nombreux étendards derviches se
montrèrent aux vues du fort; ils semblaient se diriger vers
le mont Mocram et de nombreux groupes de cavalerie se
dirigeaient vers le fort, peut-être dans le but de couvrir

e mouvement des étendards et de voir si le fort était encore occupé. J'avisai de cela le colonel Stevani, et, avec quelques coups de canon, j'obligeai la cavalerie à se retirer ainsi que les étendards. Ceux-ci s'arrêtèrent d'abord, puis eurent l'air de reculer, et, dès qu'ils aperçurent les troupes qui rentraient dans le fort, ils se retirèrent définitivement.

A 3 heures de l'après-midi de ce même jour, je sortis de nouveau du fort, avec la caravane et toutes les bouches inutiles (environ 2.000 personnes) et, escorté par deux compagnies, jusqu'à deux heures de Kassala, j'arrivai à Sabderat à 9 h. 1/2 du soir.

Je poursuivis ainsi ma route jusqu'à Obel, où je reçus l'ordre de faire continuer la marche à la caravane et de retourner à Ela-Dal pour régler le service des caravanes et le service d'évacuation, et pour organiser le service d'eau.

Ayant été chargé, à Agordat, dès le 28 décembre 1895, de l'organisation des hommes du chitet de Keren, j'étais resté convaincu que ces gens, ramassés çà et là, fournis par des tribus peu belliqueuses, contraints à faire un service opposé à leur caractère, à leur volonté et à leurs intérêts, pour la plupart n'ayant point les aptitudes physiques nécessaires, soit à cause de leur âge (trop vieux ou trop jeunes), soit pour défaut de constitution, j'étais convaincu, dis-je, que ces gens devaient former une troupe peu solide et à peine utile pour des services de peu d'importance.

Pendant les opérations dont je viens d'avoir l'honneur de vous rendre compte, ma conviction n'a fait que s'affirmer davantage, surtout étant donné le manque presque absolu de gradés.

Le capitaine de cavalerie, commandant du chitet de Keren,

D. SPECK.

PIÈCE Nº 4

GARNISON DE KASSALA

Tableau indiquant les personnes abritées dans le fort pendant le siège (18 avril 1896).

INDICATIONS.	HOMMES.	FEMMES.	ENFANTS.	TOTAL.	QUADRUPÈDES.		QUADRUPÈDES.			
					d'officiers.	de troupe.	Mulets.	Petits mulets.	Bœufs de trait.	Chameaux coureurs.
Officiers et troupe de la garnison	1.327	»	»	1.327	18	112	»	»	5	42
État-major	3	24	7	34	»	»	»	»	»	»
1re compagnie	8	126	48	182	»	»	»	»	»	»
2e id.	14	170	17	201	»	»	»	»	»	»
3e id.	13	187	40	240	»	»	»	»	»	»
4e id.	4	159	33	196	»	»	»	»	»	»
Détachement de canonniers	4	21	11	36	»	»	»	»	»	»
Section de montagne	»	53	19	72	»	»	»	»	»	»
Détachement du génie	»	1	2	3	»	»	»	»	»	»
Scineria (El-Basceri)	19	8	7	34	»	»	»	»	»	»
Id. (Assaballa)	9	8	4	21	»	»	»	»	»	»
Omran	5	1	»	6	»	»	»	»	»	»
Adendoa	33	25	19	77	»	»	»	»	»	»
Allanga (Usceh)	87	105	124	316	»	»	»	»	»	»
Id. (Nur-Eddin)	26	43	45	114	»	»	»	»	»	»
Id. (Abu-Baker)	52	105	109	266	»	»	»	»	»	»
Id. (Giafar)	10	7	5	22	»	»	»	»	»	»
Marché.) Arabes	48	61	39	148	»	»	»	»	»	»
Marché.) Abyssiniens	35	15	11	61	»	»	»	»	»	»
Chameliers	7	8	»	15	»	»	»	»	»	»
Ali Nurin	1	3	1	5	»	»	»	»	»	»
Dembai (cadi)	2	4	2	8	»	»	»	»	»	»
Mussa (interprètes)	2	2	»	4	»	»	»	»	»	»
Résidence	6	8	1	15	»	»	»	»	»	»
Négociants du marché	14	»	»	14	»	»	»	»	»	»
TOTAL	1.729	1.144	544	3.417	18	112	»	»	5	12
Journée du 16 mars, chitet	591	»	»	591	2	»	»	24	»	»
Journée du 16 mars, peloton de cavalerie	2.339	»	»	39	»	40	»	»	»	»
TOTAL GÉNÉRAL	239 2	1.144	544	4.047	20	152	»	24	5	12
Parc à bœufs	»	»	»	»	»	»	»	»	40	»
Le 22 mars partent pour Sabderat	»	»	»	»	»	»	»	»	»	»

Familles des Ascaris et des tribus soumises. (accolade verticale regroupant les lignes de Scineria à Négociants du marché)

PIÈCE N° 5

II° BATAILLON INDIGÈNE

Tableau indiquant les pertes subies dans les combats de Gulusit, Sabderat et dans Kassala, du 22 février, au matin du 2 avril 1896.

	MORTS.	BLES-SÉS.	OBSERVATIONS.
A Gulusit le 22 avril.			
2e compagnie................	»	2	Y compris un Ascari qui n'accusa pas une blessure reçue à la cuisse.
4e id.	9	9	
Aux petits postes et dans les sorties.			
1re compagnie	2	4	
2e id.	»	2	
4e id. ....:......	4	3	
Dans l'intérieur du fort.			
1re compagnie................	»	2	
2e id.	»	3	
4e id.	»	3	
Du chitet....................	3	3	
Indigènes. {Hommes...........	1	2	
{Femmes...........	1	7	
A Sabderat le 8 mars.			
Hommes de la bande de Sabderat......................	3	10	
A Sabderat le 18 mars.			
Ascari d'escorte aux télégraphistes...................	»	1	
Hommes des bandes..........	»	4	
TOTAL........	23	55	

PIÈCE N° 6

MAGASIN DE VIVRES DE KASSALA

Rapport sur le fonctionnement du magasin de vivres pendant le siège de Kassala et les opérations de guerre successives.

Kassala, le 16 avril 1896.

A Monsieur le commandant de la garnison de Kassala.

Comme vous le savez, le magasin de vivres de Kassala, en février dernier, devait recevoir un réapprovisionnement de trois mois, mais à cause des bruits annonçant le mouvement en avant des Derviches, les caravanes furent supprimées et les troupes de la garnison se retirèrent dans le fort, le 22 février, avec un approvisionnement pour seulement deux mois. Seul le dépôt de grain était assez abondant pour suffire aux besoins du fort pendant cinq mois.

Du 22 au 29 février, comme précédemment, les distributions se firent sans aucun changement.

A partir du 1er mars, cessa la distribution de la viande de conserve qui se faisait deux fois par semaine, c'est-à-dire le mardi et le samedi. D'un autre côté, les lundi, mercredi et samedi, on remplaça, par du riz, les pâtes alimentaires qui manquaient en magasin.

A partir du 1er mars également, furent modifiées les rations de fourrage; on diminua la ration d'orge pour les chevaux et mulets italiens et, pour les mulets indigènes, on remplaça l'orge par le maïs. Cet ordre fut donné par le commandant de la garnison, à cause du manque d'orge en magasin et aussi parce que, chaque jour, dans la garnison, on distribuait, à tous les animaux, une ration de foin.

Le 16 mars, on reprit la distribution de la viande de

conserve en continuant la distribution du riz trois fois par semaine.

A la même date, fut modifiée la ration de fourrage pour les petits mulets indigènes ; on leur distribua, les jours pairs, 1 kil. 500 d'orge et du foin, et les jours impairs seulement 2 kil. 500 d'orge.

Le même jour, le 16 mars, arriva la caravane qui réapprovisionna le magasin pour trois mois.

Le 28 mars, on modifia de nouveau la ration de fourrage des chevaux de l'escadron, on la porta aux quantités prescrites par le tableau A.

A partir du 1er avril, les distributions de boîtes de viande cessèrent.

Le lieutenant-comptable consignataire,
A. MAYER.

PIÈCE N° 7

POSTE MÉDICAL. — KASSALA

Rapport sur l'état sanitaire de la garnison de Kassala pendant le temps écoulé du 22 février au 2 avril 1896.

Kassala, le 10 avril 1896.

A Monsieur le commandant du 2° bataillon indigène à Kassala.

Suivant l'ordre que vous m'en avez donné, j'ai l'honneur de vous rendre compte de ce que j'ai eu l'occasion d'observer, relativement au service sanitaire, pendant tout le temps que la garnison resta enfermée dans le fort, pour repousser les attaques des Derviches. .

Cette période de temps va, comme on le sait, du 22 février à la matinée du 2 avril 1896.

Si les maladies du ressort de la médecine furent peu

nombreuses, pourtant leur gravité ne fut point négligeable, mais l'issue finale fut toujours favorable. Chez les indigènes, prédominèrent les maladies aiguës des organes respiratoires (bronchite, pneumonie) et les diverses formes de l'infection paludéenne ; chez les soldats blancs, ce furent les affections des organes digestifs qui furent les plus nombreuses. Je dois ajouter qu'il m'est arrivé très souvent de voir les soldats italiens et indigènes, notoirement malades et en traitement à l'infirmerie, abandonner leur lit, pour courir occuper leur poste de combat, au premier signal d'alarme.

Les maladies du ressort de la chirurgie furent plus nombreuses, et parmi celles-ci, les lésions dues à des armes à feu ont une prédominance absolue. Je crois donc à propos de négliger tous les autres cas, pour ne m'occuper que de ces lésions.

Les premiers blessés commencèrent à affluer au poste médical, le 22 février ; on en apporta d'autres successivement les 5, 10, 22, 26, 28, 30 et 31 mars et le 1er avril.

Parmi les Italiens, un seul fut blessé ; ce fut le capitaine Brunelli, commandant la 4e compagnie. Parmi les soldats indigènes, il y eut 26 blessés appartenant au bataillon, 1 à la section d'artillerie, 2 au détachement de cavalerie, 6 au chitet, soit en tout 36 blessés. A ce chiffre, cependant, il faut ajouter 11 autres blessés parmi les personnes non militaires renfermées dans le fort. Par suite, les individus réellement entrés à l'infirmerie pour des lésions provenant d'armes à feu, furent au nombre de 47.

Les 36 blessés militaires présentèrent les lésions suivantes : 4 furent atteints à la tête, 10 dans les membres supérieurs, 2 dans le thorax, 3 dans le ventre et 17 dans les membres inférieurs.

Parmi les civils, 3 furent frappés à la tête, 4 dans le thorax, 1 dans les membres supérieurs, 3 dans les membres inférieurs.

Les blessures les plus graves parmi ces 47 furent : 6 blessures pénétrantes dans le thorax ; 3 pénétrantes dans l'abdomen et 12 fractures compliquées, dont 5 appartenant à divers os du crâne, 3 aux os du membre supérieur et 4 aux os du membre inférieur (dont une du fémur).

Les cas de mort furent au nombre de 9. Sur ceux-ci, 8 furent portés au poste médical étant déjà entrés dans la période de l'agonie (3 pour blessures du crâne, 4 pour blessure du thorax et 1 pour blessure de l'abdomen avec lésion de l'intestin); le dernier mourut par épuisement nerveux douze jours après avoir été blessé, alors que sa blessure était presque entièrement cicatrisée.

Ces blessés reçurent les soins dictés par les règles de la chirurgie moderne de guerre : médication antiseptique, occlusive et scrupuleuse et chirurgie conservatrice. J'attribue, à ces principes, les succès que j'ai obtenus, arrivant toujours à une rapide guérison et à une notable amélioration avec conservation des parties frappées.

Je dois ajouter qu'en remplissant mes obligations professionnelles, j'ai été puissamment aidé par le personnel de santé sous mes ordres, lequel a toujours fait preuve d'un zèle admirable et s'est acquitté avec une rare intelligence et un absolu dévouement de sa tâche si importante.

Le lieutenant-médecin,
G. GUALDI.

PIÈCE N° 8

Télégrammes expédiés du 11 janvier
au 21 février 1896.

TÉLÉGRAMMES RÉSERVÉS. INFORMATIONS EN PARTANCE (1).

TÉLÉGRAMME N° 1 (11 janvier 1896, 11 heures).
Gouverneur à Adigrat.
Commandant des troupes à Massaouah.
Commissaire royal à Kéren.

L'informateur Scineria, envoyé à Ghedaref, est rentré aujourd'hui. Il rend compte que :

Le 5, il est entré à Suc Abu Sin et s'est abrité chez Abd-el-Kader Uod el Corasi, son cousin, lequel lui a fourni les renseignements suivants :

A Ghedaref, est arrivé l'émir Mohammed Uod el Bessir, chef des Allanim, appelé encore chef Gialin Giazira, avec environ 5.000 hommes, tous armés de lances (moins sa garde particulière qui a une cinquantaine de fusils) et 500 cavaliers. Ce corps compte 200 étendards. Il n'est pas divisé en *rub* (quarts), il se compose de petits groupes de Allanim, Deghen, Chenana, Cavahla, Refaa, Hameda, etc... Les cavaliers sont Baggaras (Resegat et Homur). Il forme un camp séparé du corps de Ghedaref. Dans les 5.000 hommes sont compris aussi les enfants.

Lundi dernier, 6, le corps de Ghedaref, tout entier, a

(1) Les télégrammes qui suivent sont tirés des annexes au rapport du major Hidalgo et ont un numérotage progressif qui se rapporte au choix fait par la *Rivista militare italiana*. Il est bon de rappeler, à ce propos, que les télégrammes en question ont été transmis de Kassala, par télégraphe optique, au poste de Sabdérat, et de là, aux autres postes de la colonie par la ligne télégraphique ordinaire. (*Note de la rédaction italienne.*)

reçu l'ordre de préparer ses sandales et d'apprêter ses armes.

Osman Digma a une correspondance continuelle avec Ahmed Fadil. Il lui a écrit, tout dernièrement, que les Italiens étaient occupés avec l'Abyssinie et que Kassala était presque dépourvu de troupes.

Ahmed Fadil a répondu qu'il attendait que la récolte du Gasc fût prête. La nouvelle d'une mission abyssinienne à Ghedaref est confirmée.

L'informateur ajoute que des envoyés portèrent d'autres lettres et que le commerce entre les Abyssiniens et Ghedaref est si facile que l'on donne maintenant 10 rouleaux de café pour un thaler et que l'on vend continuellement des mulets et des chevaux abyssiniens.

Aucun changement dans le corps de Ghedaref. Les Derviches ont installé un petit poste à Ghira pour prévenir l'occupation italienne.

L'informateur rencontra à Uod Cabô, à un jour de Suc-Abu-Sin, un corps de 20 étendards avec Omar Hummed-el-Cheik (200 hommes armés de fusils et 25 cavaliers) allant renforcer El Fascer.

A Mugatta, il y a, paraît-il, 4 étendards avec une centaine de fusils.

Uod-el-Keber a été appelé, ces jours-ci, à Ghedaref.

La récolte de grain, qui est commencée, s'annonce comme devant être extraordinairement abondante.

Le bruit court que, sur l'ordre du khalife, Ahmed Fadil a chargé Abd-el-Kader Abu Sin de recueillir des renseignements sur Kassala, et que l'émir Mohammed Uod Zaid, chef des Debaina, a reçu une mission identique pour l'Abyssinie.

A Ghedaref, on connaît, d'une façon générale, la situation des Italiens en Abyssinie et l'on sait que beaucoup de blancs vont arriver. On croit à ce que Osman Digma a dit sur Kassala.

D'après l'informateur, on est convaincu, à Ghedaref, que, cette année, les Derviches récolteront le grain du Gasc.

L'informateur en question est celui dont a parlé mon autre télégramme de décembre.

Toutes ces nouvelles sont très vraisemblables.

HIDALGO.

TÉLÉGRAMME N° 2 (2 février 1896).

Gouverneur à Adagamus.
Vice-gouverneur à Massaouah.
Commissaire royal à Kéren.

Un groupe de Scinerias, envoyés en embuscade sur la route de Osobri à Adarama (sur la rive gauche de l'Atbara), le 31 du mois dernier, surprirent une petite caravane venant d'Osobri et se dirigeant sur Adarama, sous l'escorte de neuf Ansaro, armés de fusils. Après une courte lutte, la caravane resta en notre pouvoir.

Quatre Derviches furent tués, quatre purent s'enfuir ; un blessé, assez gravement atteint au poignet droit, resta prisonnier avec deux femmes et un enfant.

Comme butin, 7 chameaux avec un peu de gomme, le courrier, 9 ânes, 5 bœufs et veaux, 1 cheval, 4 fusils, quelques lances et sabres.

Je rendrai compte de l'interrogatoire du prisonnier et du dépouillement des lettres.

HIDALGO.

TÉLÉGRAMME n° 3 (3 février 1896.)

Gouverneur à Adagamus.
Vice-gouverneur à Massaouah.
Commissaire royal à Kéren.

Les prisonniers dont je vous ai parlé dans mon télégramme d'hier rapportent que :

Le 25 janvier est arrivé, à Osobri, l'émir Abdelrahim
Uod-el-Deghel, autrefois commandant à El Fascer, avec
une suite de 7 cavaliers et de 50 fusils. Ayant rassemblé
les émirs d'Osobri, il annonça que le khalife avait ordonné
à Ahmed Fadil de charger Deghel du commandement provisoire de Osobri.

Ahmed Fadil est parti pour El Boga pour conférer
avec le khalife au sujet d'une nouvelle organisation des
forces.

On dit que Ahmed Ali est prisonnier à El Boga. Il paraît
que sa disgrâce est due aux réclamations des émirs d'Osobri, qui se sont faits les interprètes du mécontentement
général causé par les continuelles spoliations dont il se
rendait coupable pour pouvoir offrir des présents au khalife. Ces spoliations étaient une cause de misère et de dissolution pour le corps d'Osobri.

A Osobri, les effectifs sont les mêmes qu'avant. Le commandement des rubs de Eldilla et de Abu Sin a été pris
par Osman Duttu. Eldilla a été placé sous les ordres de
Uod Ellias. Les rubs existent plus de nom que de fait.

A Goz Handel, localité près de l'Atbara, entre Melnia et
Unsetteba, il y a trois zeribas pour abriter les chasseurs
d'Osobri, qui sont chargés aussi du service de sûreté.

A Osobri, courrent des bruits contradictoires sur les effectifs que nous avons à Kassala. Quelques-uns croient cette
dernière localité presque sans troupes, les autres la croient
occupée par une forte garnison.

Toutes ces nouvelles sont vraisemblables.

HIDALGO.

TÉLÉGRAMME n° 4 (11 février 1896).

Gouverneur au col d'Entiscio.
Vice-gouverneur à Massaouah.
Commissaire royal à Kéren.

Des informateurs, provenant de Ghedaref, viennent d'arriver, ils disent que :

Le 4 courant, au soir, ils entrèrent dans Suc-Abu-Sin.

Le départ de Ahmed Fadil pour El Boga est confirmé.

Aucun changement dans le corps de Ghedaref. Ils confirment l'arrivée d'un renfort de 500 hommes, 200 cavaliers, (peu de fusils).

A El Giira, l'émir Hamed-el-Faragg s'est installé avec 500 fusils et 70 chevaux.

A Mugatta se trouve l'émir Ibrahim Yousef, appelé Deghel-el-Cura, avec 300 fusils et 50 chevaux.

A El Fascer a été envoyé l'émir El Galiin Hamed (Taascia) et le détachement compte maintenant 250 fusils avec 25 chevaux.

Un certain émir Saddich Uod-el-Nur, avec 20 cavaliers, est parti samedi, porteur d'ordres pour Mugatta, El Fascer et Osobri, afin d'installer un service actif de garde. Il doit ensuite aller vers le Gasc pour chercher à faire des prisonniers, afin d'avoir des renseignements.

Les bonnes relations des Abyssiniens avec les Derviches sont confirmées.

A Seref-Saïd (Gallabat) a été envoyé un certain Mohammed-el-Mélibé, avec 400 fusils et 100 cavaliers, pour surveiller la rentrée des impôts et la correspondance entre les Abyssiniens et El Boga. Les Derviches cependant se méfient.

Aucun étendard sur notre front.

On disait au marché que, pendant le mois de Ramadan,

il y aura encore la paix, puis qu'après, les Derviches se mettront peut-être en marche.

.Mes informations contenues dans le télégramme du 15 décembre sont confirmées, au sujet des combats entre Raabeh, chef insurgé du Darfour et Saïd Mohammed, émir de Kordofan; ce dernier, battu à Dahara, a perdu 4.000 hommes.

Ibrahim Kalil s'est porté à son secours avec 6.000 hommes. On n'a pas d'autres nouvelles.

Un certain Tor el Gor Danagla, envoyé, il y a un an, de El Boga dans le pays de Hamed et Scilluc avec 10.000 hommes, s'est, paraît-il, déclaré rebelle.

Informations vraisemblables.

Hidalgo

Télégramme n° 5 (21 février 1896).

Gouverneur à Sauria.
Vice gouverneur à Massaouah.
Commissaire royal à Kéren.

Des informateurs qui arrivent à l'instant de El Fascer et Mugatta, rapportent que :

Le dem (1) n'est plus à Mugatta. Il reste seulement un poste de surveillance avec une vingtaine de fusils et une dizaine de cavaliers.

A El Fascer, l'effectif est augmenté et on suppose que les troupes de Mugatta y sont venues. Le dem est vaste et il n'y a pas moins de 60 chevaux et de 500 Ansars environ.

Entre El Fascer et Gheradef les relations sont fréquentes, mais il n'y a pas de passage de troupes.

Les informateurs tournèrent tout autour d'El Fascer, mais ils furent découverts. Ils se sauvèrent en franchis-

---

(1) Le mot *dem* veut dire camp.

sant rapidement l'Atbara et en se réfugiant dans le bois sur la rive droite; puis ils marchèrent sans se reposer. Hier soir, vers 7 heures, ils étaient à Gulsa, où ils furent rejoints par un groupe de 4 cavaliers derviches.

Peu après apparurent une vingtaine d'autres cavaliers.

Nos informateurs blessèrent un Derviche et comme la nuit tombait, les cavaliers se retirèrent.

Nouvelles très vraisemblables.

HIDALGO.

PIÈCE Nº 9

Copie des télégrammes reçus du 22 février au 1ᵉʳ avril 1896.

TÉLÉGRAMME Nº 6, de Massouah, 5 mars.

A tous les commandants de garnison.

Le sort des armes nous a été contraire hier à Adoua.

Il faut vaincre la mauvaise fortune par le calme et la force d'âme. On ne doit pas perdre confiance. Que chacun se propose de résister jusqu'à la dernière extrémité, en comptant sur sa propre force et sur son énergique volonté et non sur des secours dont l'arrivée est toujours incertaine. Toutes les communications télégraphiques doivent être suspendues, sauf celles avec le commandement et celles des garnisons entre elles.

LAMBERTI.

TÉLÉGRAMME N° 7, de Keren, 7 mars (reçu le **9 mars**).

Au commandant, à Kassala.
En communication à Ela-Dal.

Le gouverneur ordonne de faire partir la caravane mensuelle pour Kassala, lorsque je me serai entendu avec vous.

Je vous prie de m'indiquer si vous croyez à propos de la faire partir et, dans l'affirmative, de me dire si je dois m'en tenir, pour le service de sûreté, aux indications contenues dans le télégramme du 5. Je dois vous avertir que, dans ce cas, l'escorte serait formée par 600 hommes du chitet d'Agordat, commandés par le capitaine Speck. Le gouverneur prévient qu'il n'est pas possible de prélever, dans les autres garnisons, des troupes pour renforcer l'escorte. Demain matin, le lieutenant Pugno partira de Ela-Dal pour remettre en état la ligne avec Sabderat, où il installera une station télégraphique, à côté de la station optique, **puis il** rentrera à Ela-Dal.

BOARI.

TÉLÉGRAMME N° 8, d'Asmara, 12 mars.

Commandant, à Kassala.

J'estime nécessaire l'abandon du fort de Kassala. Prenez toutes les dispositions pour ramener la garnison à Kéren et pour détruire tout ce qui ne peut pas être emporté. La caravane est partie hier d'Agordat. Elle a 100 chameaux haut le pied pour le transport du matériel et du personnel et 400 chameaux pour ravitailler Kassala dans le cas où il ne serait pas possible de mettre en sûreté la garnison à Keren.

Accusez-moi réception de cet ordre et avisez-moi quand vous quitterez le fort (1).

---

(1) Voir le télégramme n° 23 par lequel le major Hidalgo répond au général Baldissera.

Je vous communique cette nouvelle : la *Zeitung* de Francfort-sur-le-Mein télégraphie à Rome que l'armée du Khalife marche de Omdurman sur Kassala, avec un effectif de 30.000 hommes.

BALDISSERA.

TÉLÉGRAMME Nº 9, d'Asmara, 12 mars.

Commandant, à Kassala.

Indépendamment des nouvelles que vous devez me donner, faites-moi connaître votre impression sur la situation.

BALDISSERA.

TÉLÉGRAMME Nº 10, d'Asmara, 14 mars.

Commissaire royal, à Keren.
Commandant, à Agordat.
En communication à Kassala.

Aujourd'hui partira d'Asmara un bataillon indigène pour Kéren ; dès son arrivée en ce point, il enverra deux compagnies à Agordat pour tenir garnison dans ce fort. Pendant ce temps, le capitaine Heusch, avec les forces disponibles, se portera à Sabderat qu'il occupera, d'accord avec le commandant de Kassala, et cela dans le but de protéger la sortie de Kassala et le retour sur Keren des bouches inutiles et des *impedimenta*.

BALDISSERA.

TÉLÉGRAMME Nº 11, d'Agordat, 14 mars (urgent).

Au commandant, à Kassala.

Je pars demain matin d'Agordat avec 300 Ascaris, je serai à Sabderat le 18.

HEUSCH.

TÉLÉGRAMME N° 12, d'Asmara, 14 mars.

En communication à Agordat.
Commandant et commissaire royal, à Keren.
Commandant, à Kassala.

On se servira des chameaux pour éloigner immédiatement du fort les bouches inutiles et les *impedimenta*. Le
capitaine Heusch, emmenant les forces disponibles à Sabderat, protégera, d'accord avec vous, ce mouvement qui
pourra s'effectuer le 18 ou le 19. Entendez-vous avec
Heusch, qui est au courant de tout. Je désire être informé
des dispositions prises.

BALDISSERA.

TÉLÉGRAMME N° 13, de Az-Teclesan, 19 mars.

Commandant, Kassala, Keren, Agordat.
Capitaine Heusch.

Je vous préviens que, par ordre de Son Excellence le
gouverneur, je prends le commandement des troupes
échelonnées sur la ligne Keren-Kassala. En conséquence,
les informations de quelque intérêt devront être commu-
niquées, non seulement au gouverneur, mais encore au
soussigné qui sera le 20 à Keren et le 21 à Agordat. Il
importe que l'arrivée des troupes à Agordat reste inconnue.
Le capitaine Heusch est prié de me faire connaître tout de
suite les informations de la journée sur les mouvements
des Derviches. Les commandants de Keren et d'Agordat
devront me télégraphier les effectifs et les vivres existant
dans leurs garnisons respectives.

STEVANI.

TÉLÉGRAMME N° 14, de Ela-Dal, 26 mars.

Major Hidalgo, Kassala.

Dans trois jours je serai à Sabderat, avec trois bataillons et une section d'artillerie. Ces forces devant protéger la sortie de la caravane de Kassala, vous qui connaissez les localités ordinairement fréquentées par l'ennemi, vous voudrez bien m'indiquer où il serait bon de poster ces troupes, en tenant compte des 600 hommes d'escorte qu'a la caravane et d'une autre compagnie dont vous pourrez disposer, indépendamment de celle de Bramanti, à Sabderat.

Les bataillons, après avoir protégé la caravane jusqu'à Sabderat, point où celle-ci fera une halte, entreront à Kassala. Il est bien entendu qu'en ce moment vous ne devez pas abandonner le fort. Pour votre gouverne, la caravane devra être prête à partir de nuit, dès le premier avis.

STEVANI.

TÉLÉGRAMME N° 15, de Sabderat, 31 mars.

Commandant, Kassala.

L'opération sur Tucruf serait risquée, étant données les conditions physiques auxquelles sont réduits mes bataillons qui n'ont plus qu'un effectif d'environ 500 hommes.

J'aurais l'intention d'attaquer l'ennemi par surprise, par derrière, pendant qu'il serait occupé contre le fort. A cet effet, je partirai, demain soir, avec trois bataillons, la compagnie Bramanti et la section d'artillerie; et, profitant de l'obscurité, je m'adosserai au mont Mocram, pour m'avancer après le lever de la lune. Je voudrais connaître par vous la position exacte des tranchées, et savoir s'il faut passer par la gorge, ou bien au nord du mont Mocram.

Il faut absolument que le feu du fort n'atteigne pas ma colonne, en cherchant à rendre difficile la retraite des Derviches sur Tucruf.

Je désire connaître les dispositions que vous comptez prendre pour éviter toute équivoque à ce sujet. Je vous laisse le soin de juger si, pendant mon attaque, vous devez sortir du fort avec trois compagnies, pour fermer la ligne de retraite à l'ennemi, ou bien, si vous devez vous unir à nous pour la poursuite, qui, selon l'importance, pourrait être poussée jusqu'à Tucruf.

J'espère que les difficultés que présente une opération de nuit comme celle-là seront surmontées grâce à la prévoyance et à l'intelligence des officiers.

Stevani.

Télégramme n° 16, de Sabderat, 31 mars.

(Très urgent.)

Commandant, Kassala.

Pour faire suite à mon dernier télégramme. Ayant repris l'examen de la position occupée par l'ennemi, je me suis convaincu qu'il est indubitablement avantageux, pour nous, de passer au nord du mont Mocram. En agissant ainsi, on peut tourner à gauche, prendre en flanc l'ennemi qui occupe les tranchées, et laisser en même temps une certaine action au feu du fort, vers le sud, où ma colonne ne pourra arriver qu'une heure environ après le lever de la lune, c'est-à-dire après avoir quitté les pentes septentrionales du mont Mocram. Pour votre gouverne, avant de faire une conversion à gauche nous nous approcherons le plus possible du fort. Si vous ne recevez pas d'autre communication de ma part, il reste entendu que l'opération aura lieu de la façon que je viens d'indiquer. Quant à la sortie de la caravane, je me réserve de donner des ordres, après mon entrée à Kassala.

Stevani.

TÉLÉGRAMME N° 17, de Sabderat, 1er avril.

(Tout ce qu'il y a de plus
urgent; doit passer
avant tous les autres
télégrammes.)

Commandant, Kassala.

Le chef des Adendoas, Mustapha, est arrivé; il nous servira de guide cette nuit. Je tiendrai compte dés nouvelles qui m'ont été données. Je vous préviens, pour votre gouverne, que je quitterai Sabderat à 5 heures du soir et que je serai à 9 heures au mont Mocram.

Après une heure de repos, c'est-à-dire au lever de la lune, je commencerai mon mouvement en avant. On ne tirera pas dans la direction du fort. Une fois notre mouvement commencé, comme vous n'avez plus rien à craindre pour la sécurité du fort, il me semble qu'une partie de vos troupes peut concourir à notre action. Il est superflu d'ajouter que toutes les dispositions prises peuvent, au moment de l'action, subir toutes les modifications exigées par une situation non prévue.

STEVANI (1).

**Copie des télégrammes transmis du 22 février
au 1er avril 1896.**

TÉLÉGRAMME N° 18, 22 février.

Commandant, Ela-Dal.

Toutes les troupes sont concentrées dans l'intérieur du fort; des patrouilles d'informateurs ont été envoyées vers Gulusit et au delà.

---

(1) A partir de ce moment, le colonel Stevani ayant pris le commandement général du corps d'opérations, sous Kassala, la garnison de ce fort cesse d'agir isolément, et elle passe sous les ordres du colonel Stevani. (*Note de la rédaction italienne.*)

Veuillez répandre la nouvelle de l'approche des Derviches, afin que les populations limitrophes Elit, Bitama, Aiesc, etc., puissent se mettre sur leurs gardes et se retirer à temps.

A Sabderat, j'ai envoyé deux signaleurs avec 20 Ascaris; ceux-ci, joints aux hommes de la bande, arrivent au chiffre d'une centaine.

Dans le cas où l'ennemi menacerait Ela-Dal, veuillez en signaler l'approche à Biscia en allumant un feu sur le mont Dublat. Il faut avertir Biscia que ce signal indiquera que Ela-Dal est évacué.

Les populations ne croient pas à une attaque contre Kassala, mais elles pensent que les Derviches s'arrêteront à Gulusit et que la cavalerie fera des incursions sur nos lignes de communication.

Le bruit court que Osman Digma se réunira aux autres émirs à Gulusit. Il pourrait se faire qu'il se dirigeât vers Sabderat, ou plus à l'est; par conséquent, avertissez les postes de Chérù et Uacait de faire bonne garde.

HIDALGO.

TÉLÉGRAMME N° 19 (25 février, 5 h. 30 du soir).

Vice-gouverneur, Massaouah.
Commandant, Keren.

Les groupes d'infanterie signalés par les petits postes se sont retirés.

Des informateurs, arrivés à 2 heures de l'après-midi, annoncent qu'ils ont vu de gros partis de cavalerie, suivis d'infanterie, incendier des herbes, autour des cultures, pour déblayer le terrain. Je vois une grande fumée à Gulusit et à Futa.

Il est très difficile de télégraphier au gouverneur, parce que la ligne d'Asmara est presque toujours occupée.

HIDALGO.

TÉLÉGRAMME Nº 20 (27 février, 9 heures du matin)..

(Urgent.)

Vice-gouverneur, Massaouah.
Commissaire royal, Keren.

Ce matin, à 6 h. 45, j'ai vu un fort parti d'infanterie et de cavalerie venant de l'ouest (Gulusit) dans la direction du mont Mocram.

Ayant entendu le coup du canon d'alarme, les Derviches s'arrêtèrent. Je crois qu'ils essaient de se mettre sur nos communications.

A 3 heures du soir, les Derviches signalés ce matin se sont éloignés, on ne sait dans quelle direction. Il résulterait d'informations que j'ai, que tout le corps de Ghédaref est réuni aujourd'hui à Gulusit.

Les Derviches continuent à brûler les herbes pour déblayer le terrain. Le grain des cultures n'ayant pas été coupé, cela me fait supposer qu'ils veulent s'arrêter là pendant longtemps, ou bien qu'ils voudront tenter une attaque.

HIDALGO.

TÉLÉGRAMME Nº 21 (8 heures du soir).

(Très urgent.)

Vice-gouverneur, Massaouah.
Commissaire royal, Keren.

Un Adendoa, dont vous a parlé mon télégramme du 17 courant, vient d'arriver ce soir, et il rapporte ceci :

« D'après les prisonniers, il résulte qu'Osman Digma est en marche pour s'unir au corps de Ghédaref. Cette réunion pourra avoir lieu dans deux jours. »

J'ai envoyé des Adendoas pour avertir la reconnaissance

Rapp. Baldissera.   7

de se replier sur Sabderat. Ce serait l'émir de Berber qui ferait face aux Anglais.

HIDALGO.

TÉLÉGRAMME N° 22 (6 mars, 6 heures du matin).

(Réponse au télégramme n° 1636.)

Gouverneur, Massaouah.

(Télégramme arrivé avec bien des chiffres erronés.)

La garnison de Kassala est assez forte pour pouvoir résister à une attaque quelconque. Elle a des vivres pour environ deux mois. A Agordat, il y a une caravane prête à partir.

D'après les informations parvenues jusqu'à ce jour, il résulterait que l'effectif des Derviches à Gulusit est de 5.000 fusils, 1.000 lances et 1.060 cavaliers. Toutes ces forces sont concentrées dans cette localité.

Osman Digma amènerait 2.000 hommes en tout avec quelques fusils; il n'est pas démontré, jusqu'en ce moment, qu'il se soit réuni au corps de Ghédaref. Je crois que, si les Derviches veulent se mettre sur nos communications, une partie de ces troupes ira à Saddena sur le Gasc, à une heure et demie en amont de Kassala; toutefois, il n'y a, jusqu'à présent, aucun indice indiquant la préparation d'un camp.

A Gulusit, il y a une grande quantité de grain provenant de nos cultures, déjà coupé par les Derviches, et mis en tas.

Le corps de Ghedaref a emmené 200 chameaux chargés de *bultuc* moulu.

Quelques fantassins ont 70 cartouches, la plupart en ont moins.

Je ne crois pas à une attaque du fort; elle aurait pour résultat de résoudre la situation à notre grand avantage. Mon avis est que les Derviches feront, dans les tribus qui nous sont soumises, de nombreuses incursions, surtout de de cavalerie, tant qu'ils trouveront quelque chose à razzier, puis ils se retireront.

Des déserteurs assurent que l'ordre du Khalife est de ne pas attaquer le fort, mais de chercher à nous attirer dehors afin de nous écraser sous le poids du nombre, de couper le grain des cultures et de battre en retraite.

Dans la situation actuelle, il est impossible d'abandonner le fort; en cas d'absolue nécessité, on détruirait tout ce que l'on pourrait, mais il faudrait, pour avoir une retraite assurée, un renfort d'au moins 3 bataillons et 1.000 chameaux pour le transport des malades, des blessés et des familles des Ascaris. Nous n'avons ici que le nombre de mulets indigènes prescrits; il nous manque cependant 20 bâts pour mulets.

Hidalgo.

Télégramme n° 23 (13 mars, 4 heures du soir).

(Réponse au n° 8. Urgent.)

Gouverneur, Asmara-Massaouah.

La situation actuelle se maintenant et bien des bouches inutiles s'éloignant du fort, je puis tenir jusqu'à la crue de l'Atbara.

Je ne crois pas que le Khalife puisse envoyer des renforts aussi nombreux que me l'annonce Votre Excellence. Dans les conditions actuelles, l'évacuation du fort serait très difficile, étant donné qu'on ne pourrait maintenir cette mesure secrète et vu la grande quantité de gens et de bestiaux qu'il faudrait accompagner et protéger. Tout cela formerait une immense caravane bien difficile à défendre.

En éloignant, sinon tous, tout au moins une bonne partie de ces *impedimenta*, je pourrais avoir les mains libres et agir selon les circonstances, en prévenant toujours Votre Excellence.

J'aurais toutefois besoin de réunir ici mes détachements de Biscia, Ela-Dal et Sabderat, qui pourraient être remplacés par des éléments du chitet, commandés par des officiers, et par des bandes.

Le lieutenant Crispi, envoyé momentanément avec 50 Ascaris à Sabderat, a l'ordre de rentrer avec la caravane.

Pour être prêt à toute éventualité, je conserverai ici un nombre donné de chameaux pour transporter les blessés, les malades, etc., dans le cas où, le nombre des ennemis augmentant, il me faudrait évacuer le fort.

HIDALGO.

TÉLÉGRAMME N° 24 (15 mars).

Commandant caravane.
Commandant, Sabderat.

Aussitôt votre arrivée, prévenez-moi si les chameaux sont en état de continuer leur marche, cette nuit, à minuit.

L'ennemi est à Tucruf, à trois quarts d'heure de distance de Kassala ; jusqu'à présent, il ne fait pas mine de se mettre sur nos lignes de communication de l'arrière, mais il est nécessaire que la marche soit exécutée pendant la nuit, pour ne pas être vu de loin. J'enverrai, d'ici, des informateurs pour explorer la gorge et le terrain, jusqu'à Sabderat. Ces informateurs se présenteront à vous et vous rendront compte de la situation. On se servira de ces hommes, accompagnés de quelques groupes d'Ascaris pour protéger la marche en avant. Le lieutenant Crispi, avec 50 Ascaris, s'unira à la caravane, laissant le jus-bachi à Sabderat. Les 150 Ascaris qui sont arrivés avec le carabinier resteront à Sabderat. A peine arrivé, vous organiserez des retranchements et vous prendrez toutes les mesures de sûreté nécessaires pour vous garantir d'une surprise, spécialement du côté opposé au front, vers Tocoleibab.

HIDALGO.

TÉLÉGRAMME N° 25 (28 mars, 7 h. 15 matin).

Commandant du corps d'opérations et commandant, Sabderat.

Depuis 5 h. 30 du matin nous combattons contre de fortes masses qui se sont retranchées en avant du mont Mocram, au nord, à l'ouest et au sud. Jusqu'à présent nous avons 5 blessés et 1 mort, plus 5 chevaux blessés.

HIDALGO.

TÉLÉGRAMME N° 26 (28 mars, 7 h. 40 matin).

Commandant corps opérations, Sabderat.

Vous pourriez, je crois, vous avancer avec toutes vos troupes de façon à vous trouver avant le soir à la gorge. Vous pourriez ainsi prendre d'enfilade et à revers les tranchées et les nombreuses parallèles que les Derviches ont creusées au mont Mocram. Je crois, en effet, que ce soir ou demain matin nous aurons une attaque décisive contre le fort.

Il y a des troupes pour le défendre; mais, si vous vous portiez en avant, les ennemis seraient pris entre deux feux. S'il ne vous est pas possible d'arriver pour ce soir, il faudrait le faire demain matin avant le jour.

HIDALGO.

TÉLÉGRAMME N° 27 (28 mars, 9 heures matin).

Gouverneur, Asmara-Massaouah.
Commandant corps opérations, Ela-Dal.

Le feu a cessé à 8 heures du matin, les troupes envoyées

dehors et les petits postes sont rentrés. Les tranchées creusées cette nuit à environ deux kilomètres du fort sont pleines de Derviches, et nous cherchons à les déloger à coups de canon. Au total nous avons eu 1 mort, 7 blessés et 3 disparus du bataillon ; 3 chevaux morts et 2 chevaux blessés de l'escadron.

D'après ce qu'affirment les troupes envoyées en dehors du fort, les Derviches ont subi des pertes importantes, surtout ceux qui nous attaquaient du côté sud.

HIDALGO.

TÉLÉGRAMME N° 28 (28 mars, 11 heures matin).

Gouverneur, Asmara-Massaouah.
Commandant corps opérations, Ela-Dal.

Un Baggara déserteur, du rub de Fad-el-Hassana, rapporte que :

Le corps de Ghedaref est tout entier réuni à Tucruf. Il n'est point arrivé de renforts et l'on n'en attend pas. Osman Digma ne serait pas arrivé.

Les Derviches ont eu beaucoup de désertions.

L'intention de Ahmed Fadil est de bloquer Kassala ; en tout cas, il partira avant la crue de l'Atbara.

Avant-hier, 26, une colonne de 100 cavaliers est partie de Tucruf pour aller razzier le moyen Barca.

Les Derviches ont eu, il y a quelques jours, deux petits canons de montagne se chargeant par la bouche ; ces canons sont avec le rub de Fad-el-Hassana.

Hier soir, chacun des rubs a envoyé de grosses fractions se poster autour de Kassala.

Fad-el-Hassana est au pied du mont Mocram ;

Nur-Angara est au nord ;

Abdallah-Falagg au nord-ouest ;

Cater-el-Emedan au sud-ouest (Giadia).

Les Giadias se sont couverts en creusant des espèces de trous de tirailleurs. Ce matin, au coup de canon des Derviches, Ahmed Fadil a fait battre le negarit (tambour) et les troupes restées à Tucruf sont parties. Sont restés encore dans le dem (camp), Ahmed-Fadil avec la réserve (300 fusils), avec Uold-el-Bessir (300 lances) et avec le gros de la cavalerie. Le rub le plus puissant est celui de Fad-el-Hassana.

Le déserteur dit qu'il a vu environ 500 fusils, mais qu'il y a beaucoup d'hommes.

Les autres rubs sont beaucoup moins forts. Le plus faible est celui de Nur Angara, mais, en revanche, il est le plus riche en chevaux.

Les étendards sont encore avec Ahmed-Fadil.

Nous avons eu un autre mort et deux blessés.

HIDALGO.

TÉLÉGRAMME N° 29 (30 mars, 7 heures matin).

Gouverneur, Asmara-Massaouah.
Commandant corps d'opérations, Sabderat.

Toute la nuit, les Derviches ont travaillé pour approfondir leurs tranchées et les relier entre elles. Une tranchée s'étend presque parallèlement au mont Mocram, à environ deux kilomètres du fort, et est très étendue ; une autre va de la gorge vers la Cadmia, mais celle-ci se voit peu parce qu'elle est très éloignée. Une troisième tranchée, située au sud de l'ancien lazaret égyptien, est distante d'environ 1.500 mètres.

Cette nuit, le petit poste n° 11 a toujours continué son tir contre les Derviches qui creusaient une tranchée à environ cinquante pas du donjon que ce petit poste occupait.

A 6 heures du matin, il y eut un échange de coups de fusil entre la tranchée est et les petits postes.

Le déserteur affirme que Ahmed-Fadil est à Tucruf avec

300 fusils et la cavalerie, qui atteindrait le chiffre de 1.535 chevaux. Je crois ce chiffre exagéré.   HIDALGO.

TÉLÉGRAMME Nº 30 (30 mars, 9 heures soir).

(Très urgent.)

Commandant corps d'opérations, Sabderat.

A 7 h. 30 du soir, les Derviches des tranchées est et sud ont tenté un vigoureux assaut. Les petits postes ont ouvert le feu et se retirèrent. L'artillerie, puis les mitrailleuses firent feu et il y eut quelques salves du parapet. Le feu dura une heure. On eut un mort et deux blessés dans l'intérieur du fort; un seul homme des petits postes a été blessé.

Si vous ne venez vite, je serai contraint de faire une sortie pour nous donner de l'air.   HIDALGO.

TÉLÉGRAMME Nº 31 (31 mars, 8 h. 40 matin).

Commandant corps opérations, Sabderat.

Impossible de faire sortir la caravane si vous ne délogez pas l'ennemi abrité dans les tranchées.

Les éléments du chitet ne valent rien, même derrière un parapet, la preuve en a été faite hier. Par suite, si vous n'occupez pas le mont Mocram, si l'ennemi ne se retire pas, il n'est pas possible que le chitet puisse protéger la caravane. Je resterai ici avec trois compagnies incomplètes, et si j'en fais sortir encore une autre, je ne pourrai plus défendre le fort. Si vous ne vous joignez pas à la garnison de Kassala, il sera impossible de faire sortir la caravane ou de tenter une opération quelconque, puisque je suis entouré. Les Derviches ne manqueraient pas d'attaquer la caravane avant qu'elle arrive au mont Mocram. D'ailleurs les gens qui la composent se refuseraient à sortir.

HIDALGO.

TÉLÉGRAMME N° 32 (1er avril, 7 h.30 matin).

Commandant corps opérations, Sabderat.

Nuit tranquille. Ce matin, à 5 h. 30, quand les petits postes de la partie sud s'avançaient pour prendre leurs positions, ils furent accueillis par une vive fusillade, à laquelle ils répondirent par un tir à répétition.

Je viens de les faire rentrer sur le donjon voisin du fort, faisant face à l'abattoir.

Ayant pris connaissance de votre télégramme d'hier, je vous avertis que le rub de Nur Angara a creusé, lui aussi, une tranchée à 1.700 mètres et parallèlement au côté nord du fort. Toutefois, jusqu'à présent, cette tranchée ne nous a point inquiétés. En vous avançant, vous pouvez la prendre d'enfilade, ou de revers, en faisant votre conversion ; mais, dans ce dernier cas, des projectiles pourront entrer dans le fort.

Je mettrai deux lanternes pour indiquer le côté nord du magasin à coton.

Dès que l'arrivée de la colonne me sera signalée, j'ouvrirai un feu bref d'artillerie et de mitrailleuses contre les tranchées est.

Je crois que les Derviches ont placé leurs deux canons sur les pentes du mont Mocram, presque en face de l'entrée du fort.

Probablement pendant la nuit, il y aura peu de monde dans les tranchées, et le gros des troupes sera aggloméré sur le revers du mont Mocram, ou sur les pentes face au fort.

Je vous prie de me dire si vous avez reçu à Sabderat les informateurs que je vous ai envoyés avec le chef des Hadendoas, Mustapha.

Gardez-vous derrière vous, en envoyant quelques informateurs à Tucruf, parce que la cavalerie ennemie pourrait en un moment vous attaquer.

HIDALGO.

TÉLÉGRAMME N° 33 (1er avril, 4 heures soir).

Commandant corps d'opérations, Sabderat.

Reçu votre télégramme; tout va bien. Je commencerai à tirer vers le sud, une demi-heure après le lever de la lune. Les tranchées les plus garnies sont les deux à l'est du fort et parallèles au mont Mocram. Dans la tranchée nord elle-même, il y a aujourd'hui beaucoup de mouvement.

Les Derviches ont pratiqué des excavations à gauche, vers la ville égyptienne et le Gasc.

HIDALGO.

PIÈCE N° 10

Rapport du lieutenant CRISPI

(3e compagnie du 2e bataillon indigène).

Kassala, le 18 mars 1896.

A Monsieur le commandant de la garnison de Kassala.

Ayant été envoyé par vous à Sabderat, pour réapprovisionner ce poste en vivres et en munitions, après le fait d'armes dont il avait été le théâtre, j'ai pu recueillir les renseignements suivants :

Le matin du 8 de ce mois, vers 5 heures, la patrouille de Ali Nurin, placée à mi-côte du mont Tucurrit, vit s'avancer quatre ou cinq cents fantassins derviches vers les puits de Sabderat. Cette patrouille fit le signal d'alarme prescrit et se retira immédiatement sur le village. Le chef, Ali Nurin, fit alors sonner l'assemblée. Pendant ce temps, les Derviches, après avoir tourné la montagne, se trouvèrent en face du retranchement construit dans le but d'assurer la sécurité des caravanes. Croyant ce retranchement occupé, ils firent sur lui plusieurs décharges et ils s'y précipitèrent. Ils restèrent un peu déconcertés en le voyant inoccupé, mais presque aussitôt ils se dirigèrent vers le village et l'attaquèrent vivement de front.

En même temps, une grosse patrouille derviche, guidée par un jeune homme du pays, prisonnier, gagna la montagne par un sentier détourné et attaqua le village par derrière.

Les hommes de Ali Nurin ne purent pas résister à cette double attaque, surtout à celle qui les prenait par derrière; vite ils s'éparpillèrent sur les flancs de la montagne, qui se prêtait parfaitement au combat individuel et ils infligèrent des pertes à l'ennemi.

Pendant ce temps, le soldat télégraphiste Joseph Gallesio, numéro matricule 4144, qui se trouvait au sommet du mont Aura pour le télégraphe optique, accourut fort à propos avec 20 Ascaris de cavalerie, 2 Ascaris garde-fils du télégraphe, et le soldat Figna, numéro matricule 4359.

Prenant successivement des positions en avant, grâce à une judicieuse discipline du feu, il mit le désordre dans les rangs ennemis, et les Derviches se retirèrent aux puits. Après s'être réorganisés, ils tentèrent, mais inutilement, une autre attaque. Puis ils se retirèrent définitivement, le long des pentes nord-est du mont Aura.

La cavalerie, comprenant 150 hommes, resta toujours éloignée du combat.

Les pertes infligées à l'ennemi furent de 43 morts et un émir (on ne peut préciser si ce dernier a été tué ou blessé, car il a été transporté immédiatement sur un brancard). Nos pertes furent de 3 hommes tués et 10 blessés.

Le lieutenant,
F. CRISPI.

PIÈCE N° 11

Rapport du soldat télégraphiste.

———

Sabderat, le 18 mars 1896.

A Monsieur le commandant de la garnison de Kassala.

J'ai l'honneur de vous informer du combat qui a eu lieu le 8 courant, de 5 heures du matin à 3 heures de l'après-midi, à Sabderat.

A la pointe du jour, à 5 heures, le petit poste d'observation de la bande indigène, placé à mi-côte du mont Aura, en face des puits, voyant s'avancer vers lui une grosse patrouille derviche, composée de 800 fantassins (dont 500 armés de fusils et 300 de lances) et de 150 cavaliers, tira contre l'ennemi un coup de mousqueton comme signal d'alarme.

Le chef de bande, Ali-Nurin, fit tout de suite sonner l'assemblée et attendit l'attaque.

L'ennemi s'étant approché de l'enceinte où l'on met les caravanes, la crut occupée, et fit faire trois décharges sans résultat, puisque ce poste n'était pas occupé. Une dizaine d'éclaireurs ennemis prévinrent leur chef que notre camp se trouvait au pied du mont Sabderat. Alors le chef ennemi fit sonner l'assemblée, et, tout de suite après, il attaqua la bande de Ali-Nurin qui fut obligée de se retirer sur le mont Sabderat.

Le soussigné, avec le soldat Figna, était occupé à appeler Kassala pour prévenir de ce qui se passait, mais comme il y avait peu de soleil, il fut impossible d'avoir une réponse.

Voyant que l'ennemi, en grimpant sur la montagne,

arrivait à gagner du terrain sur les nôtres, je crus bien faire d'aller à leur secours. Je distribuai immédiatement les cartouches de réserve, et je descendis avec le soldat Figna, le buluc-bachi et 19 Ascaris de cavalerie, puis deux garde-fils du télégraphe. A 5 h. 30, j'arrivai à faible distance de l'ennemi, je pris position sur une hauteur et je rangeai mes hommes derrière une masse de rochers qui servaient d'abri. Après plusieurs décharges faites vivement, l'ennemi dut reculer. Une patrouille de 30 Derviches et même plus, pas-sée inaperçue, se dirigea sur les habitations de la bande, les incendia, et emporta de la farine, divers objets appar-tenant aux hommes de la bande, plus deux chevaux et deux petits ânes.

Aussitôt après avoir vu l'ennemi qui s'éloignait avec ce butin, je rassemblai les Ascaris et tous ensemble nous fîmes deux autres décharges qui obligèrent la patrouille ennemie à se retirer avec le gros, en laissant, sur le che-min, la plus grande partie de la farine razziée.

Les hommes de la patrouille s'étant réunis au corps prin-cipal, les Derviches se préparèrent à une nouvelle attaque. Pendant que les chefs discutaient entre eux, je songeai à essayer le mousqueton modèle 91-95, et je fis ainsi : Je pris la hausse à 600 mètres, et je visai sur les chefs qui se trou-vaient en groupe dans le lit du fleuve, au delà des pal-miers, en face du puits. A peine mon coup de mousqueton parti, à ma grande satisfaction et à celle des Ascaris eux-mêmes, je vis tomber un chef, lequel fut immédiatement transporté par huit hommes sur une civière. Je fis faire de suite plusieurs décharges avec la hausse de 600 mètres et l'ennemi recula jusqu'aux puits.

Les pertes subies par l'ennemi se monteraient à 45 morts, plus un chef (on ne sait pas s'il est tué ou blessé). Le nom-bre des blessés est inconnu.

Nos pertes sont :

Trois hommes de la bande indigène tués, onze blessés,

et un chamelier (on ne sait pas si cet homme est mort ou prisonnier). Le moral des soldats et des Ascaris a été excellent et leur attitude irréprochable.

Le soldat télégraphiste,
Joseph GALLESIO.

PIÈCE N° 12

Rapport du colonel STEVANI sur les opérations pour la libération de Kassala.

ÉTAT-MAJOR DES TROUPES INDIGÈNES

Keren, 26 avril 1896.

A son Excellence le Gouverneur de la colonie de l'Erythrée,
à Adi-Caié.

Depuis le 22 du mois de février dernier, les conditions dans lesquelles se trouvait la garnison de Kassala étaient devenues assez difficiles, par suite de l'approche d'un corps de Derviches dont l'avant-garde attaquait et repoussait, le 22 février, le détachement de Gulusit, chargé de garder les nombreuses plantations de grain qui avaient été faites pour le compte du gouvernement.

Après avoir obtenu ce premier succès, les Derviches creusèrent de nombreux puits et préparèrent le camp pour le corps principal qui y arriva le 25 février, avec un effectif d'environ 5.000 hommes, tant fantassins que cavaliers, et pendant qu'une partie s'occupait à récolter le grain de nos propriétés, l'autre était employée à construire des retranchements étendus et de solides palissades autour du camp de Gulusit, puis autour de celui de Tucruf. Ce dernier camp était à environ trois quarts d'heure du fort de Kassala.

Pendant le mois de mars, l'ennemi fit des razzias dans la

région des Beni-Amer et, enhardi par la nouvelle qu'il avait reçue de notre défaite à Adoua, il essaya, mais inutilement, d'occuper la gorge de Sabderat où il y avait une station télégraphique.

Aussitôt après, les Derviches commencèrent les travaux pour l'investissement du fort et creusèrent plusieurs tranchées autour de Kassala. Plus tard ils occupèrent, d'une façon permanente, la gorge du mont Mocram et, à la fin de mars, ils avaient complété l'investissement du fort avec des tranchées régulières qui en étaient éloignées d'environ 1.000 mètres et rendaient ainsi très difficile la sortie de la caravane, qui était allée ravitailler la garnison de Kassala.

Etant donnée cette situation, Votre Excellence ordonna la constitution d'un corps d'opération, sous mes ordres, composé des 3e, 6e, 7e et 8e bataillons indigènes et d'une section d'artillerie de montagne. Ces troupes ne se trouvaient pas dans les conditions les plus favorables pour entreprendre une nouvelle campagne; leur moral était déjà abattu par l'issue des batailles malheureuses auxquelles elles avaient pris part. De plus, au point de vue physique, elles avaient été épuisées et décimées par les fatigues et les souffrances qu'elles avaient éprouvées pendant les opérations dont l'échiquier sud avait été le théâtre.

Indépendamment de cela, l'entreprise présentait bien des difficultés, mais surtout sous le rapport logistique et au point de vue de la concentration des troupes vers Kassala.

Ces difficultés provenaient :

1o De la rareté de l'eau qui rendait nécessaire la marche par échelons de bataillons, les bataillons étant éloignés les uns des autres d'une journée de marche ;

2o Des chaleurs excessives de la saison, et, par suite, de la nécessité de faire constamment marcher les troupes pendant la nuit;

3o Des vivres, car étant donné le départ imprévu des

troupes, les approvisionnements se trouvaient insuffisants tout le long de la ligne d'opérations ;

4° De la distance considérable qui séparait, entre eux, dans la zone Keren - Kassala, les points d'eau et par suite obligeait la troupe à faire de longues marches.

L'urgence qu'il y avait à aller promptement au secours de la garnison du fort, en même temps que la nécessité d'avoir rapidement disponibles les troupes sous mes ordres, pour les éventuelles opérations dans l'échiquier sud (1), m'amenèrent à accélérer la marche et la concentration des troupes vers Kassala.

Etant données les exigences et les difficultés que je viens d'exposer, les fatigues et les souffrances des marches furent grandes et firent perdre aux troupes, pendant la route, un tiers de leur effectif.

Concentration du corps d'opération à Sabderat.

Comme il fallait me présenter devant Kassala avec mes forces réunies, j'étais obligé de concentrer, en des lieux favorables, les bataillons en marche par échelons. J'avais choisi d'abord Ela-Dal, mais je dus y renoncer par ce que, en raison de la sécheresse exceptionnelle de la saison, cette localité pouvait à peine fournir de l'eau à un bataillon. J'ordonnai donc la concentration des troupes à Sabderat, où l'on creusa vingt puits.

Le 8e bataillon arriva le premier, puis le 3e avec la section d'artillerie, et le 31 mars, au matin, le 7e était là. Le 6e bataillon qui était parti le dernier de Keren, arriva le matin de ce même jour (31 mars) à Matanè - Sabderat.

---

(1) Effectivement, une partie de la colonne Stevani, après avoir délivré Kassala, concourut aux opérations ayant pour but de sauver la garnison d'Adigrat. (Note du traducteur.)

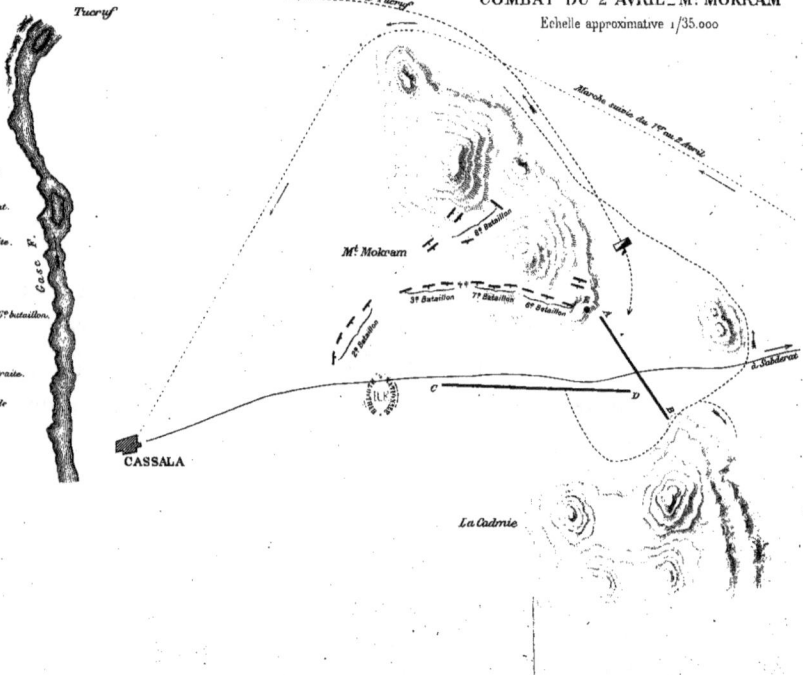

COMBAT DU 2 AVRIL — M.ᵗ MOKRAM

Echelle approximative 1/35.000

LÉGENDE

Ligne de marche suivie par la colonne Stevani
pour entrer à Cassala.

Positions des divers bataillons durant le combat.

E
Seconde position de l'artillerie pour la poursuite.

A.B. Position des Derviches avant l'arrivée du 6.ᵉ bataillon.

C.D. Position des Derviches durant le combat.

Direction suivie par les Derviches dans leur retraite.

Cavalerie derviche, qui cherchait à venir en aide
à sa propre infanterie.

Tucruf

Casc F.

CASSALA

à Tucruf

Marche suivie du 1.ᵉʳ au 2 Avril

M.ᵗ Mokram

6.ᵉ Bataillon

3.ᵉ Bataillon

7.ᵉ Bataillon   6.ᵉ Bataillon

2.ᵉ Bataillon

C   D

à Sabderat

La Cadmie

Situation de Kassala au 31 mars.

Depuis le 30, le commandant du fort de Kassala avait fait ressortir, dans ses informations, la situation critique de la garnison et la nécessité de prompts secours (1). Il répéta sa demande le jour suivant; je me décidai donc à marcher sur Kassala le 1er avril, au soir, sans attendre l'arrivée du 6e bataillon.

Je laissai, pour défendre le défilé de Sabderat, la compagnie de milice mobile du capitaine Heusch et j'envoyai l'ordre, au 6e bataillon, d'arriver le soir du 1er avril au défilé, de continuer immédiatement sa marche sur le mont Mocram et de prendre position sur les pentes méridionales de cette montagne.

Marche sur Kassala.
(Voir croquis n° 4.)

De Sabderat, on peut arriver à Kassala en passant par la gorge du mont Mocram, ou en tournant cette montagne par le nord, ou bien encore en passant par le sud des monts de Kassala. Je me décidai à passer au nord du mont Mocram, cette direction de marche présentant les avantages suivants :

1o De me faire éviter la gorge du mont Mocram, où l'on pouvait craindre une surprise de la part de l'ennemi;

2o De me permettre de prendre position entre les camps de Tucruf et les troupes ennemies qui pouvaient occuper les tranchées creusées autour de Kassala.

La colonne composée des 3e, 7e et 8e bataillons, de la compagnie Bramanti, du 2e bataillon et de la section d'artillerie, partit de Sabderat, le 1er avril, à 5 heures du

(1) Voir même annexe, pièce n° 9, les télégrammes reçus à Kassala et expédiés de cette ville, du 22 février au 1er avril.

Rapp. Baldissera

8

soir. La marche fut très lente, parce que le terrain était encombré d'acacias épineux et coupé de crevasses.

Pendant la marche, je rencontrai des patrouilles de cavalerie qui purent promptement informer l'ennemi de notre mouvement en avant.

A la suite des informations qui leur furent données par leur cavalerie, les Derviches, abandonnant les tranchées qu'ils occupaient à l'est du fort, se placèrent dans la gorge du mont Mocram, à cheval sur la route, pour nous attaquer par surprise. Mais la colonne évitant le défilé, et tournant la montagne par le nord, put passer inaperçue et entrer dans Kassala, le 2 avril, vers 3 heures du matin.

L'ennemi, croyant que la colonne avait fait une halte pour se reposer, était resté dans la gorge, à nous attendre.

Le 6ᵉ bataillon, d'après les ordres qu'il avait reçus, arriva le 1ᵉʳ avril, au soir, à Sabderat; il poursuivit sa marche vers le mont Mocram et arrivé, le 2 avril, vers 3 h. 1/2 du matin, dans le voisinage de la gorge, il se déplaçait vers la droite pour aller occuper le pied des pentes méridionales de la montagne, évitant ainsi, lui aussi, de donner contre l'ennemi posté.

Dans le voisinage du mont Mocram, le 6ᵉ bataillon fut reçu par des coups de fusils tirés par quelques Derviches qui étaient placés à cet endroit; il se porta rapidement en avant pour aller occuper le pied de la montagne. L'ennemi alors exécuta un changement de front et attaqua immédiatement ce bataillon. Un feu très vif d'infanterie commença alors et fit comprendre immédiatement au fort que les Derviches avaient attaqué le 6ᵉ bataillon. Réunissant tout de suite les quatre bataillons qui se trouvaient, en ce moment dans le fort et les deux sections de montagne. je me dirigeai rapidement vers la gorge du mont Mocram. J'arrivai près du lieu du combat, un peu avant l'aube, et ne pouvant voir si le pied des pentes de la montagne était (comme on aurait dû logiquement le supposer) occupé par l'ennemi ou par le 6e bataillon (comme le faisaient croire les salves qui partaient de là), je fus contraint de m'arrêter et d'envoyer les patrouilles en reconnaissance. Ces patrouilles me rendirent compte que le mont Mocram était occupé par les nôtres. Pendant ce temps, le jour étant venu, je fis placer les 3e et 7e bataillons à la gauche du 6e et je leur ordonnai de marcher contre l'ennemi posté dans le défilé. Je fis appuyer le mouvement par les deux sections d'artillerie ; le 8e bataillon fut placé en réserve pour nous protéger en arrière contre les attaques possibles qu'aurait pu tenter une troupe ennemie venant de Tucruf ; enfin, le 2e bataillon se mit à cheval sur la route pour assurer la ligne de retraite et pour concourir, avec une partie de ses forces, à l'action des bataillons de première ligne.

Les 3e et 7e bataillons entrèrent tout de suite en action, ils se relièrent à gauche avec le 6e et ouvrirent un feu très vif contre l'adversaire qui, après une heure environ, étant données les pertes subies, commença à reculer. Attaqués vivement par les nôtres, les Derviches prirent précipitamment la fuite, vers Tucruf, poursuivis toujours par le tir de l'artillerie et des fractions qui étaient postées sur la crête du mont Mocram.

La poursuite étant terminée et les blessés ayant été ramassés, les troupes rentrèrent au fort où je pris de suite toutes les mesures nécessaires pour faire sortir la caravane composée de plus de 500 chameaux et escortée de 500 hommes du chitel. La ligne télégraphique fut immédiatement remise en état avec le matériel volant, préparé précédemment, et put fonctionner le soir même.

J'avais battu les Derviches et fait sortir la caravane du fort (celle-ci arrivait sans aucun incident le 2 au soir à Sabderat) ; je pouvais donc considérer la mission qui m'avait été confiée comme accomplie. Toutefois, en prescrivant les dispositions nécessaires pour le départ de la colonne et le transport des blessés, il fut évident pour moi que, malgré notre victoire du 2 avril, ces opérations présentaient des difficultés et des dangers égaux à ceux dont nous avions déjà triomphé.

En effet, les moyens de transport pour les blessés manquaient et l'ennemi, bien que battu au mont Mocram, occupait toujours ses camps retranchés et avait des postes d'observation à moins d'une demi-heure du fort. Une telle situation aurait permis aux Derviches d'être promptement informés de notre marche en retraite et ils nous auraient certainement poursuivis et inquiétés, tout au moins, avec leur nombreuse et audacieuse cavalerie.

Cette éventualité ne pouvait exciter d'inquiétude pour le trajet entre Kassala et Sabderat, car il pouvait s'effectuer avec toutes les troupes réunies, mais elle aurait pu avoir des conséquences sérieuses dans les étapes suivantes, puisque, comme pour l'aller, nous devions les faire par échelons de bataillons, les échelons étant séparés par une journée de marche.

Il était donc nécessaire de déloger à tout prix l'ennemi de Tucruf. En conséquence, je résolus de marcher, le lendemain matin, contre le camp de Tucruf avec toutes les forces disponibles.

Combat de Tucruf (3 avril).

(Voir croquis n° 5.)

Les troupes dont je pouvais disposer, les 2e, 6e, 3e, 7e et 8e bataillons et les quatre pièces de montagne quittèrent le fort le 3 avril à 6 heures du matin ; je les fis marcher en carré et, à 7 h. 1/2, elles arrivaient en face et à deux kilomètres du camp ennemi, contre lequel l'artillerie ouvrit immédiatement le feu.

Des groupes de cavaliers ennemis apparurent alors sur notre droite, mais ils furent vite dispersés avec quelques coups de canon. On entendait battre le negarit (tambour) entre Tucruf et Gulusit, mais rien n'indiquait un mouvement offensif de l'ennemi. Je fis donc continuer la marche en carré, en faisant des haltes tous les 200 mètres, pour ébranler par le tir de l'artillerie les troupes ennemies arrêtées dans le camp.

A 1.000 mètres de Tucruf, le feu toujours plus vif de l'artillerie obligea deux émirs à sortir du camp avec leurs rubs pour essayer de tourner notre droite, mais l'action efficace de notre tir suffit à les faire se replier vers Gulusit. La sortie des retranchements d'une troupe aussi nombreuse fit croire que le camp de Tucruf avait été abandonné. Rien, en effet, n'annonçait la présence d'une autre troupe en ce lieu. Toutefois, avant d'avancer encore, j'expédiai, dans cette direction, deux patrouilles de cavalerie, commandées par les lieutenants De Dominicis et Ferrari, qui allèrent jusqu'à quelques pas du camp ennemi sans que personne tirât sur eux et sans avoir pu voir personne, à cause de la profondeur des tranchées et des palissades qui les couronnaient.

Ces officiers vinrent donc annoncer que le camp était évacué.

J'ordonnai alors à une des compagnies occupant la face de tête du carré, de précéder la colonne et de reconnaître le camp ennemi. Mais à peine eut-elle parcouru 300 mètres, qu'elle fut arrêtée par un feu très vif d'infanterie, exécuté par les Derviches postés derrière les retranchements que l'on croyait évacués.

Comme il était difficile de dégager cette compagnie, je résolus de marcher hardiment à l'attaque en employant toutes mes forces; mais, au bout de peu d'instants, en remarquant les graves pertes que j'avais subies en quelques minutes, en voyant tomber sur nos épaules plus de 300 cavaliers (qui revenaient d'une razzia) et étant donnée la difficulté de franchir la palissade, je compris qu'en poussant l'action à fond je subirais des pertes très graves.

Alors je me décidai à soustraire la troupe au feu des retranchements ennemis en la rassemblant dans une position située en arrière, d'où je fis exécuter des tirs d'artillerie et des salves d'infanterie qui eurent vite fait de mettre en fuite la cavalerie qui nous menaçait par derrière.

Après cela, les troupes rentrèrent au fort, sans avoir été inquiétées le moins du monde par l'ennemi, dont une fraction s'était déjà retirée vers Gulusit et dont le reste était fort ébranlé par les pertes subies.

Les pertes très graves que j'avais infligées aux Derviches dans les journées des 2 et 3 avril, n'avaient pas été suffisantes pour atteindre le but que je m'étais fixé, c'est-à-dire de les déloger de leurs camps retranchés. Mais comme j'étais toujours convaincu qu'il était absolument nécessaire de le faire, j'envoyai, dans la nuit du 4, des patrouilles qui jetèrent l'alarme dans leur camp, et, la nuit suivante, le 5 avril, je le fis battre pendant quatre heures avec un feu très vif des pièces de 9, pendant que de fortes patrouilles s'approchaient des retranchements et en inquiétaient les défenseurs par un tir très nourri.

Cela suffit pour faire croire à l'ennemi que nous nous préparions à recommencer une nouvelle attaque générale ; alors il se retira précipitamment vers Osobrio, sur l'Atbara, abandonnant derrière lui des blessés, des armes, des animaux et des vivres.

Plus tard, nous apprîmes par des déserteurs, que beaucoup de soldats moururent de soif pendant la retraite et que la cavalerie laissée en arrière-garde pour empêcher les désertions, fut obligée de pousser en avant les soldats à coups de fouet et à coups de sabre.

Le même jour, je me rendis avec mes troupes à Tucruf et à Gulusit où je fis combler les puits, brûler les baraquements et les palissades.

Les pertes subies par nos troupes, dans ces différents combats se sont élevées à :

4 officiers morts et 8 blessés ;

2 sous-officiers et 2 caporaux blessés ;

123 indigènes morts et 269 blessés.

Les pertes de l'ennemi, d'après les informations des déserteurs, auraient été de plus de 1.000 morts, sans compter un grand nombre de blessés.

Les Derviches s'étant éloignés du Gasc, je pourvus à l'évacuation des blessés en faisant venir les moyens de transport nécessaires. Cette évacuation se fit en deux caravanes, une pour ceux qui étaient légèrement blessés, et, la seconde, pour les blessés gravement atteints. Ces deux caravanes arrivèrent sans aucun inconvénient à Keren, où tous les blessés furent soignés.

Rien de ce qui existait dans le fort de Kassala ne fut détruit, ni du matériel, ni des munitions, ni des vivres.

Conformément aux ordres de Votre Excellence, je pris les mesures nécessaires pour le ravitaillement du fort, pour le retour des deux bataillons 2e et 7e et d'une section d'artillerie vers l'échiquier sud, et enfin, pour les emplacements des trois bataillons 3e, 6e et 8e destinés à rester sur la ligne Keren-Kassala.

Je suis heureux de pouvoir signaler à Votre Excellence la conduite remarquable des troupes sous mes ordres qui fut réellement au-dessus de tout éloge. Bien que la plupart des officiers qui les commandaient fussent nouveaux, les hommes se battirent avec courage. Je crois que ce résultat est dû, en partie, à ce fait, que les fractions étaient petites et, par suite, mieux dans la main des officiers. Ceci m'amène à croire qu'il faut préférer les compagnies ayant 200 hommes à l'effectif aux compagnies trop nombreuses et trop pesantes de 300 hommes, comme nous en avons avec l'organisation actuellement en vigueur.

Cette réduction d'effectif me semble encore préférable pour cet autre motif que, les officiers étant obligés de parler aux Ascaris, par le moyen d'un interprète, avec une fraction peu nombreuse, il leur est plus facile de le faire promptement et efficacement.

Les deux sections d'artillerie méritent un éloge tout spécial car, bien qu'elles aient perdu beaucoup d'hommes et d'animaux, elles n'en continuèrent pas moins le feu sans interruption et suivirent toujours la troupe dans ses déplacements successifs.

Il faut enfin remarquer que les Derviches ont, en cette circonstance, modifié radicalement leur façon de combattre. Tandis que autrefois, leur habitude était d'attaquer en masse l'ennemi qu'il avaient à combattre, maintenant, au contraire, ils cherchent à se faire attaquer dans leurs camps retranchés qu'ils renforcent avec de solides palissades. Par suite, la meilleure façon de lutter avec eux est de se tenir à distance, en se servant exclusivement du feu de l'artillerie.

Je joins à ce rapport deux croquis des combats du 2 et du 3 avril.

Le colonel commandant les troupes du corps d'opération,

Signé : STEVANI

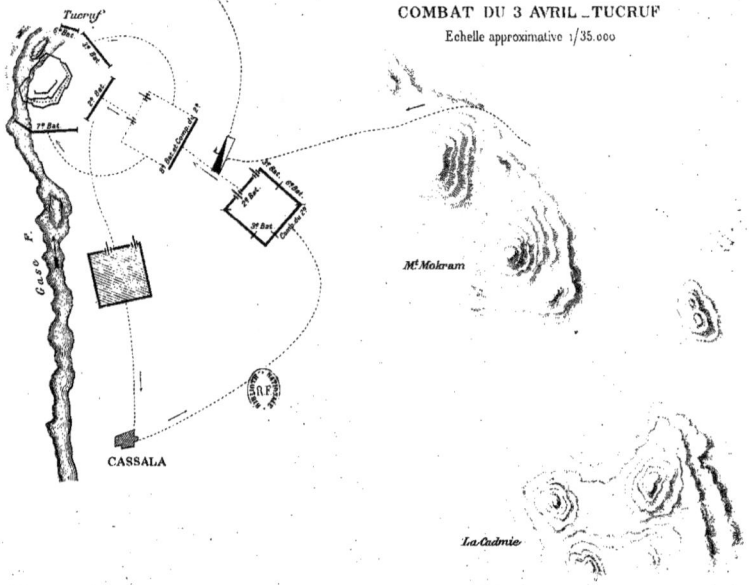

LÉGENDE

COMBAT DU 3 AVRIL _ TUCRUF
Echelle approximative 1/35.000

Tucruf

Mt Mokram

La Cadmie

CASSALA

Gaso F.

FAIT D'ARMES DU MONT MOCRAM

Tableau récapitulatif de l'effectif des diverses unités
le matin du 2 avril 1896.

UNITÉS.	OFFI-CIERS.	GRADÉS italiens.	TROUPES indi-gènes.	OBSERVA-TIONS.
Etat-major du commandement des troupes indigènes........	5	2	14	
2e bataillon indigène..........	16	7	992	
3e —	12	4	365	
6e —	10	5	566	
7e —	10	6	515	
8e —	10	4	412	
Batteries de montagne	2	4	110	
Peloton de cavalerie..........	1	1	24	
	66	33	2.998	
TOTAL..........		3.097		

FAIT D'ARMES DE TUCRUF

Tableau récapitulatif de l'effectif des diverses unités
le matin du 3 avril 1896.

UNITÉS.	OFFI-CIERS.	GRADÉS italiens.	TROUPES indi-gènes.	OBSERVA-TIONS.
Etat-major du commandement des troupes indigènes........	4	2	14	
2e bataillon indigène..........	15	6	814	
3e —	12	3	351	
6e —	10	5	482	
7e —	10	6	407	
8e —	8	4	398	
Batterie de montagne..........	2	4	110	
Peloton de cavalerie..........	1	1	24	
	62	31	2.600	
TOTAL..........		2.693		

Tableau des morts et des blessés pendant les combats du mont Mocram et de Tucruf.

| | OFFICIERS. | | HOMMES DE TROUPE. | | | |
| | | | ITALIENS. | | INDIGÈNES. | |
	Morts.	Blessés	Morts.	Blessés	Morts.	Blessés
Etat-major.............	»	1	»	»	»	3
2e bataillon indigène....	1	2	»	2	32	102
3e —	1	»	»	»	13	26
6e —	1	1	»	1	41	37
7e —	»	3	»	»	28	60
8e —	1	1	»	1	8	27
Section d'artillerie......	»	»	»	»	1	10
Peloton de cavalerie.....	»	»	»	»	»	4
	4	8	»	4	123	269

Total (1).......... { Morts........ 127
{ Blessés....... 281

OFFICIERS

Blessés au mont Mocram.

Major d'infanterie.................. Louis Amadasi.
Capitaine d'infanterie.............. Jacques Brunelli.

Morts à Tucruf.

Lieutenant d'infanterie............ Humbert Partini.
— — .... Auguste Benetti.
— — .... Joseph Stella.
— — .... Gaëtan di Salvio.

Blessés à Tucruf.

Lieutenant d'infanterie............ Louis Bellotti Bon.
— — .... Victor Bernardis.
— — .... Joseph Cantù.
— — .... Victor Pagella.
— — .... Joseph de Rossi.
— — .... Salluste Ferrari.

(1) Les pertes éprouvées pendant le combat du 2 avril (mont Mocram) s'élèvent à une centaine environ.

ANNEXE Nº 2

PIÈCE Nº 1

Rapport du major PRESTINARI, commandant le fort d'Adigrat au commandant en chef du corps d'opération.

Adigrat, le 15 mai 1896.

J'ai l'honneur de porter, ci-dessous, à la connaissance de Votre Excellence, les événements dont le fort d'Adigrat a été le théâtre pendant la période de son isolement, c'est-à-dire du 2 mars au 4 mai 1896.

Diverses considérations me conseillèrent de tenir dans le fort d'Adigrat, lorsque j'eus connaissance, le 2 mars, à 11 h. 40 du matin, de toute la gravité du désastre subi par le corps d'opération. Ces considérations, je les ai exposées dans le rapport que j'ai adressé en double expédition, les 3 et 4 mars, à l'autorité supérieure de la colonie et je n'ai rien à y ajouter (1).

---

(1) Ces principales considérations sont :

Impossibilité d'évacuer le fort en emmenant les malades en traitement et les blessés qui venaient de s'y réfugier à la suite de la bataille d'Adoua ;

Manque de moyens de transport pour emporter les armes, les munitions et le matériel de guerre ;

Manque du temps nécessaire pour pouvoir détruire tout le matériel utilisable pour l'ennemi. (*Note du traducteur.*)

La situation que j'avais trouvée en prenant le commandement de l'Agamé et du fort d'Adigrat était la suivante :

Rébellion totale des habitants, si l'on en excepte six ou sept catholiques de Gualà.

Le village d'Adigrat et les autres principaux villages de la région étaient détruits. Les environs du fort étaient encombrés par un millier et plus de femmes, d'enfants et de serviteurs d'Ascaris qui s'étaient installés dans des cabanes en paille, construites à la hâte, près de l'enceinte. Le fort était bien armé et suffisamment pourvu de munitions. On avait commencé les travaux pour améliorer l'enceinte et construire des batteries, mais il n'y avait aucune trace de défenses accessoires extérieures. On ne trouvait ni mines, ni fougasses, aucune traverse, aucun terre-plein de défilement (rendus cependant indispensables par la situation du fort qui était dominé par les hauteurs voisines). Il y avait peu ou même rien de fait pour assurer, dans le fort, une réserve d'eau et son renouvellement. Le magasin d'équipement et d'habillement avait été vidé presque entièrement et le magasin des approvisionnements ne comptait que pour un mois de vivres. Il n'y avait de la viande sur pied que pour dix jours seulement.

La garnison était constituée par :

1 compagnie présidiaire de plus de 1.000 hommes de troupe (tant blancs qu'indigènes) avec 1 commandant et seulement 3 officiers subalternes.

1 compagnie de canonniers d'environ 200 hommes et 2 officiers subalternes.

1 compagnie du génie avec 1 officier.

1 section des subsistances.

1 section de santé.

1 poste de carabiniers royaux.

1 infirmerie de garnison, ayant environ 300 hommes en traitement, abrités sous des tentes du système *Roma* et

couchés à terre sur de la paille (seuls ceux qui étaient gravement blessés étaient sur des châlits improvisés).

La compagnie présidiaire était composée d'hommes de rebut de tous les bataillons du corps d'opération. On les avait laissés en arrière parce que c'étaient des malades, des malingres, ou des hommes incapables de marcher, pour un motif quelconque.

La compagnie des canonniers avait été constituée d'une façon identique. Les autres fractions de troupe étaient mieux composées et les hommes étaient plus convenablement choisis pour leurs services spéciaux.

Le moral était en général assez déprimé, comme cela était naturel en une semblable réunion. De plus, les hommes avaient été impressionnés par les récents et douloureux faits d'armes de Alequà et Seetà (1).

Mon premier soin (après en avoir demandé et obtenu l'autorisation), fut de dissoudre la compagnie présidiaire, en l'encadrant dans le bataillon de chasseurs, porté à 6 compagnies et en formant une fraction indigène autonome. Je me servis pour cela des officiers attachés aux bureaux et de quelques-uns qui se trouvaient dans le fort comme malades ou convalescents.

Cette mesure, qui exigea une laborieuse préparation, n'entra en vigueur que le 1er mars. Ainsi, le bon résultat que j'en attendais n'était pas encore atteint quand arriva la retraite du corps d'opération et l'isolement du fort.

Malgré cela, le milieu souverainement excitable, et tout disposé à la panique, que j'avais trouvé, se transforma comme par enchantement, grâce aux soins assidus, intelligents et dévoués des chefs des diverses fractions et de tous les officiers, grâce aussi à une discipline juste et

---

(1) Les troupes italiennes, quelques jours avant la bataille d'Adoua, avaient éprouvé deux échecs sérieux à Alequà et à Seetà. (*Note du traducteur.*)

sévère, qui fut maintenue dans tous les services de la garnison.

Deux pères capucins aidèrent puissamment à obtenir ce bon résultat, en réveillant dans la troupe le sentiment religieux. Ces capucins, en célébrant la messe, adressaient aux hommes des paroles pleines de feu, qui élevaient leur moral et excitaient en eux les sentiments patriotiques.

Les mesures prises pour réorganiser la fraction d'infanterie indigène (500 hommes environ) et pour réveiller le courage des Ascaris, plus impressionnables et moins intéressés au succès final, eurent également un prompt et un excellent résultat.

On sait que l'Ascari ne rend de bons services que s'il aime son chef immédiat, et que son instinct naturel le porte à se mettre toujours du côté du plus fort.

Ces deux tendances, après la bataille d'Adoua, ne pouvaient qu'avoir des effets délétères pour le ramassis d'hommes de rebut qui constituaient la garnison indigène du fort, laquelle était placée sous les ordres de nouveaux officiers. Cinq Ascaris désertèrent, dans la nuit du 3 ou 4 mars, pendant qu'ils étaient aux avant-postes. Cinq autres les imitèrent peu après, et bien des indices faisaient croire que ce scandaleux exode n'était pas près de s'arrêter; ces mauvais exemples exerçaient une funeste influence sur l'esprit de nos soldats.

Je pris alors la résolution d'éloigner une grande partie des Ascaris, sous le prétexte spécieux de les envoyer en congé de convalescence. Cette mesure était même fort utile à cause de la rareté des vivres. Peu après, ayant par hasard découvert un complot pour exciter à la désertion, je déférai les coupables au tribunal extraordinaire de guerre qui prononça deux condamnations à mort, lesquelles furent exécutées immédiatement.

La large épuration obtenue par les congés et la sévère punition de ces deux malheureux me permirent d'obtenir le résultat désiré. La troupe indigène, réduite à cent Ascaris seulement, ne me donna plus dans la suite aucun ennui, mais ne me rendit pas non plus de grands services. Elle fut toujours plus gênante qu'utile, malgré le zèle des deux officiers qui la commandaient et d'un brave et vaillant ius-bachi, survivant de Amba-Alagi (lieutenants Ragusin et Rossi, ius-bachi Osman Agà).

Toute espèce de préoccupation ayant disparu au sujet de l'état d'esprit qui existait les premiers jours, et ayant vu renaître la confiance chez tout le monde, ainsi que l'estime réciproque, je pus m'occuper avec plus d'ardeur des travaux du fort. Le concours actif et plein de bonne volonté de tous, sous l'intelligente, infatigable et savante direction du lieutenant du génie Paoletti (il n'est pas d'éloge que cet officier n'ait mérité) fit que les défenses accessoires extérieures furent promptement terminées; et ces défenses étaient de la plus haute importance pour nous protéger contre un ennemi audacieux et rusé comme l'Abyssinien. Les défilements furent également organisés d'une façon suffisante. Aussi, dès la seconde décade de mars, on était en droit de croire que le fort pourrait résister vaillamment contre toutes les attaques que l'on avait à craindre. Et ce fut précisément à cette époque que, selon mes renseignements, le négus, campé alors à Hausien, fit faire une première reconnaissance pour étudier les dispositions à prendre en vue d'une attaque éventuelle.

Il fallait déterminer une ligne de conduite générale, qui servît de guide à tous pour obtenir cette unité d'action et de but qui seule pouvait assurer le salut moral et matériel de la garnison aux prises avec l'inconnu que nous réservait l'avenir.

La situation militaire était, comme on le sait, la suivante :

Une armée ennemie, victorieuse, était à une journée

de marche du fort, absolument libre de se mouvoir dans n'importe quelle direction. Les rebelles de l'Agamé, tous armés, occupaient les débouchés de la combe d'Adigrat et apparaissaient, tantôt d'un côté, tantôt d'un autre, plus nombreux sur les crêtes des montagnes qui forment la ceinture de la combe elle-même. Les deux chefs des rebelles nous envoyaient de temps en temps des lettres de menace ou des propositions pour la reddition et l'évacuation du fort. Puis, sur le sort de notre corps d'opération et sur l'existence même de notre colonie, après le désastre complet et irréparable de Abba-Garima (1), c'était l'obscurité complète, c'était une ignorance absolue qui excitait nos angoisses.

J'eus la conviction très nette que l'ennemi le plus terrible pour la garnison d'Adigrat ne devait pas être l'armée choanne. L'action de celle-ci contre le fort devait nécessairement, et pour des raisons faciles à comprendre, avoir une prompte solution. Et encouragé par le glorieux exemple des héroïques défenseurs de Macallé, je n'avais aucun doute sur le succès final. En effet, les travaux pour mettre le fort en état de défense étant terminés, et le réapprovisionnement étant assuré, une attaque de l'armée choanne n'aurait été qu'un glorieux épisode que que nous désirions tous, mais elle n'aurait produit aucun résultat décisif.

Les rebelles, au contraire, qui, tout en restant dans leurs cabanes, accrochées aux flancs des montagnes, tenaient les débouchés des voies de communications et restaient hors du tir efficace de notre artillerie, pouvaient tenir le fort bloqué indéfiniment, sans jamais en venir à une action décisive; c'étaient eux qui étaient réellement dangereux pour la garnison, car, sans aucun doute, si nous

---

(1) L'état-major italien appelle indifféremment la bataille du 1er mars, bataille d'Adoua ou bataille de Abba-Garima. (*Note du traducteur.*)

n'avions pas reçu de secours du dehors, ils nous auraient contraints, à la longue, à tenter un suprême effort, c'est-à-dire une sortie. Et étant donnés les nombreux malades qu'il aurait fallu nécessairement abandonner dans le fort ou sur la route, cette extrémité répugnait à la fois aux principes les plus élémentaires de l'humanité et à nos sentiments militaires.

A un semblable ennemi, il fallait cependant opposer une tactique spéciale, analogue à la sienne, c'est-à-dire une tactique nous permettant de résister, même inactifs, le plus longtemps possible, et avec le moins de désavantage possible, afin de donner le temps aux secours d'arriver et de permettre le développement régulier des négociations que nous savions être entamées, sans obliger le gouvernement à agir précipitamment à cause du fort. Nous caressions une espérance qui excitait nos courages, c'était que notre longue résistance dans ce fort, dont la possession importait au négus qui n'osait pas l'attaquer, servirait un jour à racheter nos camarades prisonniers, dont les douloureuses nouvelles arrivaient jusqu'à nous.

En conséquence des idées exprimées plus haut, idées qui naturellement donnaient la première importance à la question des vivres, je pris les mesures suivantes :

1º Je fis réduire la ration des troupes à environ moitié de la ration normale pour le pain et la viande. J'augmentai, en compensation, les autres denrées, surtout les conserves et les liqueurs, que l'on avait pu se procurer en grande quantité, grâce à la réquisition de toutes les denrées alimentaires, trouvées dans les cantines, existant aux environs du fort;

2º En cas d'alarme, je donnai des consignes qui respiraient le plus grand calme et la plus grande tranquillité. (Le fort était partagé en quatre secteurs; les chefs de chaque secteur étaient responsables de la vigilance et du service des ouvrages. Des sentinelles doubles veillaient pendant la nuit.)

3º Je plaçai, pendant le jour, les avant-postes à un kilomètre, ou un peu plus, du fort, avec la consigne de sauver d'un coup de main nos bestiaux qui étaient au pâturage. Les hommes aux avant-postes avaient l'ordre de ne molester personne, de laisser circuler librement les hommes sans armes, de protéger les agriculteurs et de ne pas répondre aux fréquents coups de feu des rebelles si ceux-ci ne s'approchaient pas à moins de 600 mètres.

Le service de vigilance et de sûreté était complété par deux observatoires, placés sur la tourelle du fort, et munis de bonnes lunettes. Un piquet armé de canonniers avait un canon chargé à blanc pour donner l'alarme, un autre piquet avait deux canons chargés à mitraille et pointés dans la direction de notre troupeau;

4º J'adressai une proclamation aux populations, en déclarant, au nom du gouvernement, que la guerre était faite au négus et aux chefs tigrins rebelles et non aux pacifiques habitants de l'Agamé. J'invitai ceux-ci à retourner à leurs maisons, à reprendre leur commerce, sous la protection du fort, disant que le gouvernement, pour aider leur négoce, achèterait toutes les denrées qui seraient portées au fort. J'ajoutai que le pacifique agriculteur trouverait, auprès de nous, secours et protection et que celui qui n'écouterait pas la parole du gouvernement serait sévèrement puni. Enfin, je fis savoir que tous ceux qui seraient pris les armes à la main, seraient fusillés, que leurs maisons seraient détruites par le canon et leurs biens séquestrés.

Cette proclamation produisit dans les premiers jours d'excellents résultats. Les paysans ne connaissaient pas encore les faits graves dont la combe d'Adoua avait été le théâtre, les chefs rebelles eux-mêmes n'en avaient pas encore apprécié toutes les désastreuses conséquences, par suite, le prestige du gouvernement n'était pas complètement détruit.

On vit aussitôt affluer au fort des denrées de toute nature : de l'orge, de la paille, des bœufs, des chèvres, des poules, des œufs, etc., etc. Pendant sept à huit jours l'affluence ne fit qu'augmenter, surtout parce que les vendeurs avaient été alléchés par les prix que j'avais fixés, payant toujours et uniquement en thalers de Marie-Thérèse, seule monnaie acceptée dans l'Agamé. Cependant, tout cessa bientôt presque complètement. Les paysans eux-mêmes devinrent hostiles, on ne vit plus arriver au fort que quelque bœuf malade et cela de nuit, ou bien encore, quelque rare vendeur de tabac indigène et de légumes. Mais le fort avait largement profité des premiers jours et il était bien pourvu.

Les bœufs de la réserve avaient atteint le nombre de 200 environ, et nous avions, en outre, des brebis, des chèvres et même quelques porcs. Les ressources alimentaires avaient notablement augmenté, même les denrées spéciales, telles que le beurre, l'huile, les pâtes, les conserves de toute espèce, liqueurs, etc. Tout cela provenait de la réquisition faite de toutes les denrées que possédaient sept ou huit cantiniers grecs qui s'étaient établis autour du fort, à l'époque du gros passage des troupes.

Mais ce qui manquait, c'était une denrée de première nécessité, la farine pour faire du pain. La réquisition, dont je viens de parler, n'en avait donné qu'une quantité insignifiante, trois ou quatre quintaux.

On remédia à cet inconvénient du mieux que l'on put. On employa quelques femmes, restées autour du fort malgré toutes les menaces d'expulsion, à broyer de l'orge dont la farine était mêlée à celle du blé pour faire le pain.

Grâce aux mesures que nous venons d'exposer, la résistance et par suite la valeur du fort, pouvaient se dire, tous calculs faits, presque doublées.

Il se produisit malheureusement des événements douloureux qui, en diminuant la consommation des vivres,
accrurent la durée de la résistance. Je veux parler des nombreux cas de maladie et de mort, occasionnés par une épidémie de typhus. C'est à cela que l'on doit, si, le 4 mai,
à l'arrivée de nos troupes, la fort possédait encore pour
quinze à vingt jours de vivres, après être resté isolé pendant soixante-cinq jours.

Alimentation. — A l'exception des dix premiers jours,
période d'expérience, pendant lesquels la ration de la
troupe fut réduite à un minimum au-dessous *duquel elle*
n'aurait pu descendre sans imposer des souffrances, le soldat eut toujours, dans la suite, *des repas variés, composés*
de telle sorte que son alimentation était suffisamment ga-
rantie. *Le pain manquant était remplacé par du riz ou des*
pâtes. Les liqueurs distribuées largement remplaçaient le
vin et le rhum.

Les officiers touchaient la même ration que les soldats.
L'unique différence est qu'ils avaient un verre de liqueur
par repas et quelques grammes en plus de sucre et de
café.

Discipline. — Comme je l'ai dit ailleurs, la discipline fut
généralement observée d'une façon suffisante, étant donné
le cas exceptionnel où nous nous trouvions.

Les hommes punis de prison, d'abord nombreux, arrivèrent peu à peu au chiffre de dix à douze par jour. Toutefois, les graves manquements au service, déférés au tribunal, ne furent pas rares ; il y eut entre autres six rétro-
gradations, une suspension de grade et deux envois aux
compagnies de discipline.

Tribunal. — Le tribunal fonctionna régulièrement, après
une brève suspension dans les premiers jours. Le *tribunal*
militaire ordinaire de guerre qui, de temps en temps, lorsque c'en était le cas, était *convoqué en tribunal extraor-*
dinaire, prononça trente-cinq sentences, c'est-à-dire onze

acquittements, dix condamnations à des peines variées pour divers délits, quatorze condamnations à mort, dont deux seulement furent exécutées, les autres étant des condamnations par contumace.

Sur toutes ces condamnations dix seulement frappèrent des soldats italiens, dont deux capitales (par contumace) contre deux soldats qui abandonnèrent leurs compagnons d'armes pour aller offrir leur aide infâme aux ras tigrins.

Tous les actes de la justice furent absolument réguliers, les audiences publiques furent conduites avec une dignité et un décorum exemplaires, grâce surtout à son intelligent président, le major-médecin Selicorni, au capitaine Ciccodicola, qui faisait fonction de ministère public et au lieutenant Pompeo, chargé de l'instruction.

Survivants de Abba Garima. — Cinquante-six hommes ayant échappé au désastre d'Abba Garima, se refugièrent dans le fort et furent incorporés dans le bataillon de chasseurs ; d'ailleurs, j'ai déjà envoyé la liste nominative de ces hommes au commandant en chef. On vit arriver aussi au fort le lieutenant Ragusin, du 3e bataillon indigène. Cet officier se trouvant détaché avec sa centurie, à Amba Augher, fut désarmé par trahison et fait prisonnier par degiac Gusciu, puis, sur l'intercession du fitaurari Gheressalasè, il fut remis en liberté et accompagné jusqu'au fort par ce dernier.

Parmi les hommes ayant échappé au désastre d'Abba Garima, je suis heureux de signaler le caporal Baldi, qui, au contraire de tous les autres, arriva au fort avec ses propres armes et quelques cartouches, conduisant un groupe de six soldats également armés. Le caporal Baldi raconta (et ses compagnons confirmèrent la vérité de ses paroles) que se trouvant égaré, comme tant d'autres, après être resté caché pendant la nuit qui suivit la bataille, il partit du camp et se dirigea vers le fort, groupant autour de lui onze soldats perdus comme lui et ayant conservé leurs armes. Pendant la route, il dut combattre à plusieurs reprises, avec les paysans, pour s'ouvrir un passage, et dans ces rencontres il perdit cinq de ses compagnons.

L'attitude du caporal Baldi, en se présentant à moi, a été très correcte, hardie sans effronterie, et telle, en somme, qu'elle produisit sur moi la meilleure impression. Bien qu'il ne me soit pas possible de recueillir les témoignages voulus par les règlements pour certifier la vérité du récit du caporal Baldi, je n'hésite pas à le proposer à Votre Excellence pour une médaille militaire (1), ainsi que ses compagnons. Il me semble que ces hommes en sont dignes, rien que pour le bel exemple qu'ils ont donné à la garnison, en entrant dans le fort avec leurs propres armes, alors que tous les autres y rentrèrent, non seulement désarmés, mais même dépouillés de tous leurs vêtements, et dans des conditions physiques et morales faisant compassion.

Hygiène. — On sait que l'infirmerie d'Adigrat avait reçu les blessés ramenés d'Amba Alagi, d'Alequà et de Seetà. De plus, tous les malades du corps d'opération y avaient été dirigés. Les locaux affectés à l'usage d'infirmerie consistaient en six ou sept tentes, du système *Roma*, et en une baraque indigène, composée de deux pièces, dans lesquelles on avait pratiqué quelques fenêtres, pour pouvoir les aérer.

Les malades étaient couchés à terre, sur un peu de paille ; seuls quelques blessés, gravement atteints, reposaient sur des châlits improvisés.

S'il y avait une grande agglomération de malades et de blessés, les médicaments et les objets de pansement faisaient défaut.

_____

(1) En Italie, la *medaglia al valor militare* se donne aussi bien aux officiers qu'aux hommes de troupe et comprend trois classes : médaille d'or, d'argent et de bronze. (*Note du traducteur.*)

Dans ces conditions, il faut s'estimer très heureux, si la mortalité n'a pas atteint des proportions plus considérables. Je résume ci-dessus le rapport du major-médecin chef du service de santé et indique les chiffres les plus intéressants à connaître (1).

Au 1er mars, l'infirmerie d'Adigrat contenait 276 malades ou blessés (185 italiens, 91 indigènes).

Les entrées pendant les mois de mars et d'avril ont été de 416 (358 italiens et 58 indigènes).

Il y a eu pendant ce laps de temps 444 sorties pour guérison (345 italiens et 99 indigènes).

Le nombre des morts a été de 54 (45 italiens et 9 indigènes).

Il restait donc environ 200 malades ou blessés en traitement au moment de l'arrivée du corps d'opération.

La mortalité a été occasionnée surtout par l'épidémie de fièvre typhoïde qui a sévi sur la garnison, principalement pendant le mois d'avril.

Sur 45 officiers présents dans le fort, il y en eut 25 qui furent malades et deux d'entre eux moururent de cas typhiques très graves.

Faits d'armes (2). — La fortune ne nous permit pas d'employer sérieusement nos moyens d'attaque et de défense. Il n'y eut point de faits d'armes proprement dits, car on ne peut qualifier ainsi les nombreux coups de feu que les insurgés dirigeaient contre nos avant-postes, lesquels ne répondaient pas, la plupart du temps. Il y eut quelques petites escarmouches, dont je vais parler.

Le canon tonna, la première fois, pour saluer le drapeau d'Italie qui fut déployé pour célébrer l'heureux anniver-

---

(1) Toute la partie qui va suivre au lieu d'être traduite textuellement en a été très résumée et réduite en quelques chiffres essentiels. (*Note du traducteur.*)

(2) A partir d'ici, on reprend la traduction littérale du rapport du major Prestinari. (*Note du traducteur.*)

saire du 14 mars (1). Trois autres fois on tira quelques
coups de canon à des distances variant entre 2.800 et
3.400 mètres, la première fois contre une caravane qui se
dirigeait vers le camp du négus à Hausien, avec des denrées et du bétail, les deux autres fois contre des villages,
dont les habitants avaient tiré sur des officiers qui s'en
étaient approchés. Enfin, le 3 mai, on tira quelques coups
de canon avec les pièces de campagne dans la direction de
la route de Cherseber, pour dégager les bandes du brave
Grasmac Tafari, sérieusement aux prises avec des groupes
ennemis (150 hommes environ), qui les attaquèrent, pendant que nos bandes rentraient au fort, après avoir fait
une reconnaissance vers Mai-Focadà, dans le but de nous
procurer des renseignements sur le corps d'opération,
dont nous connaissions la marche en avant. Les bandes
de Gramac Tafari eurent un homme et deux mulets de
blessés.

Dans le cas dont je viens de parler, des caravanes qui
portaient des approvisionnements au camp du négus, je
fis sortir du fort les mêmes bandes de Tafari sous les
ordres du lieutenant adjudant-major Mamara et le détachement indigène commandé par le lieutenant Ragusin.

Ces deux officiers poursuivirent les caravanes qui
s'étaient débandées dans plusieurs directions, en échan-
geant des coups de fusil avec les hommes de l'escorte dont
ils eurent vite raison, et ils revinrent au fort en ramenant
une vingtaine de bœufs destinés à l'empereur choan.

Je dois signaler à Votre Excellence la conduite digne
d'éloges de tous les officiers, chez qui, en général, le commandant du fort a trouvé non seulement des fidèles exé-
cuteurs de ses ordres, mais encore des collaborateurs
pleins d'intelligence et de bonne volonté. Leur moral a

(1) Anniversaire de la naissance du roi Humbert, né le 14 mars 1844.
(*Note du traducteur.*)

toujours été très élevé et aucun d'eux n'a négligé ces sentiments d'excellente camaraderie qui engendrent la con-
corde et la bonne harmonie et égaient la vie, même au
milieu des privations.

Le Major commandant le fort,
N. Prestinari.

PIÈCE Nº 2

Journal du fort d'Adigrat.

1º RÉSUMÉ SUCCINCT DES FAITS SURVENUS AVANT LE 23 FÉVRIER

.... *Février* 1896. — Ras Sebath et degiac Agos Tafari,
après avoir fait défection le 13 du mois précédent, au lieu
de s'unir à l'armée de Ménélik, se portèrent derrière le
corps d'opération, dans le but d'inquiéter les caravanes
qui étaient chargées de ravitailler l'armée. Pour assurer
les communications de l'arrière, le commandant en chef,
le 13 au soir, ordonna que le capitaine Moccagatta, commandant la compagnie présidiaire, quitterait Adigrat avec
un détachement de 400 indigènes et de 100 Italiens; en
même temps, le commandant en chef faisait partir, du
camp de Saurià, le 7ᵉ indigène pour Mai-Mergaz et le 1ᵉʳ
régiment (colonel Stevani) pour Mai-Maret.

Le 14 au matin, le capitaine Moccagatta partait pour
Alequà-Mai-Mergaz avec 370 hommes (232 italiens et 138
indigènes); il y arrivait sans incident. Le même jour, le
poste d'observation du col Saetà (21 hommes du chitet)
ayant été chassé par les Choans, le commandant du fort
envoyait en reconnaissance, vers 3 heures de l'après-midi,
le lieutenant Cisterni avec 60 soldats italiens et 5 Ascaris.
Ayant entendu le bruit d'un combat qui s'était engagé le

soir de ce même jour, vers le col de Saetà, le commandant du fort renforçait le détachement, précédemment envoyé, avec 40 hommes commandés par le lieutenant de Concilis. Le lieutenant Cisterni, le 15 au matin, réussissait à franchir le col, mais un peu après 10 heures, il était contraint de reculer devant des forces trop considérables (plus de 300 hommes). Le lieutenant de Concilis, qui n'avait pu se joindre à l'autre détachement, restait sur le terrain avec 8 soldats de son peloton. Le peloton du lieutenant Cisterni laissa 4 morts et 4 blessés.

Le 16 au matin, le capitaine Moccagatta envoyait à Alequà, pour défendre le col, 160 hommes environ (commandés par les lieutenants Negretti et Cimino). Ce détachement fut attaqué par des forces supérieures et enveloppé.

Le lieutenant Caputo, qui arrivait de Barachit, avec une caravane, prit part lui aussi au combat et fut blessé. Le lieutenant Negretti tomba mort sur le terrain et le lieutenant Cimino fut fait prisonnier. Le capitaine Moccagatta, parti plus tard de Mai-Mergaz, se dirigea sur Alequà avec le reste de la compagnie, mais il dut, lui aussi, battre en retraite, n'emmenant que quelques survivants. Le 17, au matin, deux compagnies du 6e bataillon indigène arrivèrent à Mai-Mergaz ; les survivants de la compagnie du capitaine Moccagatta, se réunirent à ces deux compagnies.

Le 16, le 7e bataillon indigène se dirigeait vers le col de Saetà. La compagnie Moccagatta perdit sur le terrain du combat : 27 soldats italiens tués, 93 disparus (tués ou prisonniers), 35 blessés.

Le 18, l'intendance partait d'Adigrat pour Mai-Maret par la route d'Alequà. Le 7e bataillon indigène avait déjà occupé cette position.

Le 19, arrivait à Adigrat, pour tenir garnison dans le fort, le bataillon de chasseurs.

Depuis le 15, le chef d'état-major avait ordonné l'évacuation des malades d'Adigrat. Suspendue pendant quelques jours, à cause du manque de sécurité de la route de Mai-Maret, cette évacuation fut reprise, dès que les communications furent rétablies. Le 21, l'intendance télégraphia de Mai-Maret qu'on lui fît parvenir avant tout les services qu'elle avait laissés à Adigrat. On lui répondit en lui démontrant l'urgence de l'évacuation des malades, mais l'intendance insista très énergiquement pour qu'on lui expédiàt ses services le lendemain matin.

2° JOURNAL DU FORT A DATER DU 23 FÉVRIER

23 *février* 1896. — Le corps d'opération est à Sauria L'intendance se transporte de Mai-Maret à Barachit.

Degiac Agos et ras Sebath sont avec 400 fusils dans le Suropo.

Blata Ailù et Blata Tesfai occupent le col Saetà, avec Scium Agamé Romà et 300 hommes. Degiac Ailù Mariam Ghentafe Scium est caché dans les environs de Anfo et de Onomazo ; on dit qu'il a avec lui le lieutenant Jonni. Quelques hommes de Agos Tafari sont descendus dans la combe d'Adigrat et attaquent les individus isolés ainsi que les petites fractions.

A la suite d'un télégramme du gouverneur, daté de Saurià, le lieutenant-colonel Ferrari cède le commandement du fort et de la garnison au major Prestinari (1).

A 9 heures du matin, part pour Mai-Maret, avec le lieutenant-colonel Ferrari, une caravane de plus de 400 animaux emmenant les services de l'intendance. Sur l'ordre du gouverneur, on a dù donner la préférence aux services de l'intendance et suspendre l'évacuation des malades.

---

(1) Le lieutenant-colonel Ferrari fut relevé de son commandement parce que, lors des combats des cols Sactà et Alequà, il avait fait battre les Italiens en les envoyant par petits paquets aux points menacés. (*Note du traducteur.*)

On prépare, pour demain, le départ d'une caravane de 70 animaux, avec le reste des services de l'intendance.

Effectif présent

Au fort :	officiers	....	46
	soldats italiens	....	1.584
	— indigènes	......	672
. Malades :	officiers	....	5
	troupe	....	61

24 *février* 1896. — Le corps d'opération est à Saurià. L'intendance s'est transportée à Adi-Caié.

La situation des rebelles est sans changement. Aujourd'hui, au sud de Cherseber, un cantinier grec a été pillé et blessé.

Le chef d'état-major communique que, la nuit passée, le degiac Uassen de Saassié Subaà a fait défection et a emporté trois remingtons.

On adresse au chef d'état-major la communication suivante :

« La commission de défense est d'avis que pour la défense du fort, il faut les effectifs suivants :

» Un bataillon d'infanterie de 800 fusils;

» Une compagnie indigène de 300 fusils pour les opérations extérieures, indépendamment des détachements d'armes spéciales, de divers services, etc... Etant donnée la difficulté des ravitaillements, il faudrait faire sortir du fort plus de 400 Italiens et 300 indigènes; 250 Ascaris présents, sortis depuis peu de l'infirmerie et non encadrés, ne peuvent rendre aucun service. On demanderait au moins, s'il n'est pas possible d'avoir une compagnie indigène, un commandant de compagnie, une centurie et trois officiers subalternes pour encadrer les présents. »

Le chef d'état-major répond qu'il n'est pas possible d'envoyer une compagnie indigène et qu'il faut pourvoir aux besoins avec les éléments disponibles.

Le gouverneur ordonne de prendre le plus grand nombre possible d'otages parmi les parents de ras Sebath et de degiac Agos Tafari. Cet ordre ne peut être exécuté puisque tous se sont déjà éloignés.

A 10 heures du matin, part une caravane de 70 animaux avec le reste des services de l'intendance, le service sanitaire excepté.

La commission de défense propose de porter l'approvisionnement total des pièces des batteries à 10.000 coups, l'approvisionnement des mitrailleuses à 500.000 cartouches et la réserve pour le fusil d'infanterie à 1.000.000 de cartouches.

Après avoir examiné la note des travaux à exécuter, présentée par le lieutenant du génie Paoletti, et après avoir entendu l'avis de la commission de défense, on approuve ce programme et on décide que les travaux seront commencés immédiatement, en employant le plus grand nombre d'hommes possible pour les terminer dans le plus bref délai.

25 *février* 1896. — Le corps d'opération est à Saurià. L'intendance à Adi-Caiè.

Pour les rebelles la situation reste invariable.

La ligne télégraphique Adigrat-Mai-Maret est interrompue, à hauteur de Cherseber, de 11 heures du matin à 5 heures du soir.

Remise en état, elle est interrompue de nouveau à 5 h. 40.

Le lieutenant Mario Caputo, blessé à Alequà, meurt de septicémie.

26 *février* 1896. — Le corps d'opération est à Saurià; l'intendance à Adi-Caiè.

Degiac Ailu Mariam, de Amba-Sion, et le jus-bachi de la garnison de Amba-Sion, écrivent pour demander des munitions et des vivres.

Les informateurs rapportent que Ménélik a fait publier

un manifeste dans l'Agamé, ordonnant aux habitants de s'unir aux rebelles sous peine d'incendie ou de dévastation. Le commandant du fort, à cause du manque d'un solide noyau de troupes indigènes, ne peut exercer au dehors sa pacifique et tranquillisante influence.

27 *février* 1896. — Le corps d'opération est à Saurià. L'intendance à Adi-Caiè. L'état major du 1er régiment avec le 1er et le 2e bataillons de bersagliers ainsi que la batterie Bianchini, partent de Mai-Maret pour se diriger sur Entiscio. Arrivent à Mai-Maret les bataillons nos 12, 18 et 20 (7e régiment, colonel de Boccard); le 17e bataillon va tenir garnison à Barachit.

Les informateurs rendent compte que ras Sebath se trouve à Adi Colqual près de Sebeà et degiac Agos dans les environs du couvent de Gunda-Gundet.

La compagnie présidiaire a été licenciée.

28 *février* 1896. — Le corps d'opération est à Saurià. L'intendance à Adi Caiè.

Pour les rebelles, rien de nouveau. Scium Agamé Romà propose l'échange d'un prisonnier italien contre Antà Aderu, qui est poursuivi pour avoir soustrait un pli qu'il devait porter à Macallé. On lui dit qu'on ne traite pas avec les rebelles. Bien des paysans de Bucot et de Gualà sont rentrés dans leurs cases.

29 *février* 1896. — Le corps d'opération est à Saurià. L'intendance à Adi-Caiè.

La situation des rebelles est sans changement.

1er *mars* 1896. — On ne reçoit aucune nouvelle du corps d'opération. L'intendance est à Adi-Caiè.

Ras Sebath est à Amba-Ur, degiac Agos à Beera.

Scium Agamé Romà réclame de nouveau le prisonnier Antà Aderù. On ne lui répond pas.

A 8 heures du matin, le lieutenant Gherardi part pour Mai-Maret avec le matériel du laboratoire. Le service des étapes ne laisse à Adigrat que 13 chameaux, indispensables pour le service de l'eau.

2 *mars* 1896. — On reçoit les premières nouvelles sur le sort du corps d'opération à la suite de la journée d'Adoua.

Les informateurs confirment qu'il y a mésintelligence entre ras Sebath et degiac Agos, à la suite de la mise en prison, par degiac Agos, du fitaurari Tesemma. Ras Sebath s'est porté, cette nuit, au sud d'Adigrat. Degiac Agos est à Aderà.

Le matin du 2, à 1 h. 15, arrive le télégramme suivant de Mai-Maret, lequel est remis à 5 h. 30 :

« De Debra Damo, où Felter qui appartient au quartier général vient d'arriver, on nous avertit, par télégramme, de nous tenir prêts à conserver notre ligne de communication et la crête, parce que le corps d'opération va venir occuper cette zone, et l'on me prie de vous en avertir. Les communications avec Saurià sont rompues ; par suite, je n'ai aucune nouvelle officielle, mais je sais que la garnison d'Entiscio et diverses fractions avec des blessés, sont en retraite sur Mai-Maret, à la suite d'une attaque défavorable que les nôtres auraient tentée le matin du 1er mars, contre Adoua.

» Je ne bougerai pas d'ici sans ordres supérieurs, mais je me prépare à pouvoir me porter immédiatement dans une direction quelconque. »

On prend des dispositions pour être prêts à toute éventualité. On envoie un télégramme au commandant de Mai-Maret et on lui propose de faire rencontrer, à mi-route, deux caravanes, l'une évacuant d'Adigrat les malades et l'autre apportant de Mai-Maret des denrées alimentaires. On fait connaître qu'à Adigrat tout est parfaitement calme, et que l'on suppose que la population ainsi que les rebelles ignorent encore les faits qui se sont produits dans la combe d'Adoua.

Le commandant de Mai-Maret répond :

« Je suis obligé de battre en retraite, sans retard; comme vous ne dépendez pas de moi, je ne puis vous donner des instructions, faites ce que vous croyez devoir faire. Toutefois, je vous avertis que je quitte Mai-Maret à midi. »

A la suite de cette nouvelle, on envoie d'Adigrat à Mai-Maret le télégramme suivant : « Vous me rendriez service en me faisant connaître sans réticence le véritable état des choses. De toute façon, je ne bouge pas d'ici. J'ai des vivres pour un mois. »

A 11 h. 30, on reçoit la réponse suivante du commandant de Mai-Maret :

« L'intendance m'a télégraphié que le capitaine Caviglia, lequel vient d'arriver, annonce un désastre complet, irréparable. Cette nuit on a vu Entiscio et la crète du Mareb couronnés de feux. On considère comme inutile la conservation d'une position avancée quelconque. Cette information de l'intendant est confirmée par beaucoup d'officiers qui ont échappé au désastre ainsi que par une petite attaque que nous avons eu à repousser ce matin. L'impuissance dans laquelle je suis de vous venir en aide me détermine à battre en retraite comme je vous l'ai dit. »

Immédiatement après la transmission de ce télégramme, la station de Mai-Maret ayant été supprimée (comme l'affirme le télégraphiste), le conseil de défense fut réuni et après que la situation eût été exposée, on lui soumit les questions suivantes :

1º En tenant compte des conditions du fort et de la garnison, faut-il abandonner le fort en cherchant à s'ouvrir la route sur Massaouah ? Ou bien faut-il le garder et le défendre jusqu'à la dernière extrémité, puis le faire sauter ?

2º Dans le cas où l'on se déciderait à évacuer le fort, doit-on laisser ici ou emmener les malades pendant la marche en retraite ?

3° Dans le cas où l'on se déciderait à laisser les malades dans le fort, faudrait-il laisser, pour les protéger, une fraction de troupe ?

Le conseil émit les avis suivants :

A la minorité, il y a lieu de s'ouvrir la route sur Massaouah. A la majorité, il faut défendre le fort. A l'unanimité, le fort doit être évacué par tout le monde ou par personne.

Le conseil de défense fut dissous. Le commandant du fort, sans se prononcer définitivement, ordonna de faire les préparatifs de départ, pour être prêt à toute éventualité.

« Vu les avis émis par le conseil de défense,

» Considérant que le transport de 285 malades (dont une trentaine et plus sur des brancards, les autres sur des animaux ou à pied) rendrait la colonne extraordinairement profonde, faible et très lente.

» Considérant que les rebelles qui, les jours précédents, occupaient le défilé de Cherseber et d'autres points de la route Adigrat-Mai-Maret, seraient certainement plus nombreux, inquiéteraient sérieusement la colonne et rendraient très difficile la marche sur Mai-Maret.

» Considérant que si, en arrivant à cette localité, on la trouvait occupée par les Choans, qui auraient contraint tout le 7e régiment à battre en retraite sans retard, ce serait une folie que de prétendre s'ouvrir un passage avec une colonne se trouvant dans les conditions exposées plus haut.

» Considérant enfin que l'unique indice des intentions du commandement se trouve dans le contenu du premier télégramme reçu ce matin, qui nous prescrit de conserver notre ligne de communication et la crête du Mareb, et que ce serait encourir une grosse responsabilité que d'abandonner, sans combat, un fort de cette importance pour aller au-devant d'un désastre presque certain, le commandant décide qu'il faut défendre le fort. »

Rapp. Baldissera.   10

Le soir, à 4 heures, on télégraphia au vice-gouverneur, à Asmara, pour lui notifier la décision prise de rester à Adigrat, en lui disant que, si le fort avait été mis plus tôt au courant de la situation, il aurait été possible de se retirer, par un autre chemin, en évitant Mai-Maret et en se dirigeant sur la baie d'Adulis (Zula ou Arafali).

Le télégramme ajoutait que les munitions étaient considérées comme suffisamment abondantes, et qu'en réduisant immédiatement la ration, on aurait des vivres pour plus d'un mois.

Aussitôt après la transmission de ce télégramme, la ligne télégraphique est interrompue.

Tout le bataillon de chasseurs vient camper dans l'intérieur du fort.

Une commission est chargée de vérifier les denrées existant dans les magasins de vivres. On décide de réduire immédiatement la ration du soldat pour le lendemain (pain : 0^k,500 ; viande : 0^k,200 ; pâtes : 0^k,200).

A titre d'expérience, on essaie le repas unique. On ordonne qu'à partir de ce soir tous les officiers de la garnison vivront à une seule table, et l'on fixe la ration des vivres pour chaque officier vivant à cette table.

On invite tous les cantiniers, ayant leur cantine en dehors du fort, à se retirer dans l'intérieur, en versant toutes les denrées qui leur appartiennent dans les magasins. Tous adhèrent à cette proposition. On supprime le service des avant-postes de nuit et on établit seulement des avant-postes de jour.

3 *mars* 1896. — On n'a point de nouvelles certaines sur le combat que le corps d'occupation a soutenu dans les environs d'Adoua. C'est un isolement absolu.

Il se présente deux soldats blessés, survivants du combat d'Adoua.

Grâce à l'intervention de plusieurs chefs, ras Sebath et

degiac Agos se sont réconciliés. Ils sont tous les deux chez les Monobats.

4 *mars* 1896. — On manque de nouvelles sur le corps d'opération.

Le bruit s'étant répandu, la nuit passée, que les Italiens abandonnaient le fort, les rebelles et les paysans armés se sont réunis dans les gorges des montagnes qui environnent la combe.

La nuit dernière, 5 Ascaris de la 1re centurie ont déserté avec leurs armes.

5 *mars* 1896. — On manque de nouvelles sur la bataille d'Adoua et sur ses conséquences. Les survivants qui arrivent au fort n'apportent que des nouvelles incomplètes et n'ayant aucune valeur.

Se présentent au fort : les soldats Rampolla et Aro, blessés ; le soldat Coutardo, sain et sauf ; l'indigène Uoldenkiel Oldelsaber, conducteur de la caravane du gouverneur et l'ascari Agas Gheresellasi, ordonnance du major d'artillerie Zola, tous survivants de la bataille d'Adoua.

Ras Sebath a chargé un indigène de Gualà de proposer au commandant du fort d'Adigrat d'évacuer le fort, en y laissant tout en place. A ces conditions, il garantirait la route libre pour la garnison qui se retirerait. On ne lui répond pas.

Le tribunal ordinaire de guerre cesse de fonctionner à partir d'aujourd'hui.

On laisse en liberté provisoire tous les détenus, à l'exception de ceux qui sont accusés d'espionnage.

On expédie par un courrier un rapport sur la situation de la garnison et des forts.

6 *mars* 1896. — On n'a pas de nouvelles certaines sur les événements d'Adoua et sur le sort du corps d'opération.

Scium Agamé Romà envoie, du col de Saetà, deux soldats italiens faits prisonniers au combat d'Alequà, avec une lettre pour demander de nouveau l'indigène Aderu, notre prisonnier, pour la liberté duquel il nous rendrait trois autres soldats italiens. De plus, il propose de s'employer avec ras Sebath pour la conclusion de la paix. Il ne lui est pas répondu.

7 mars 1896. — On n'a point de renseignements exacts sur la bataille d'Adoua et sur la situation du corps d'opération. De l'ennemi, aucune nouvelle.

Un Ascari de ras Sebath apporte une lettre du ras et une autre du lieutenant Poggi, du 3ᵉ bataillon, et du sous-lieutenant Acerbi, du 11ᵉ, prisonniers tous deux du ras.

8 mars 1896. — Un billet du capitaine de Bernardis, qui se trouve à Cascassé avec une colonne mobile, nous apprend que nos troupes se replient sur Adi-Caiè et sur Asmara, à la suite de la défaite d'Adoua; que le général Baldissera est arrivé en Afrique comme gouverneur et que des renforts envoyés d'Italie débarquent continuellement à Massaouah.

Les informateurs rapportent que Ménélik ira à Debra Damo pour remercier Dieu de la victoire; que degiac Agos et ras Sebath ont reçu l'ordre de se joindre à lui et que Scium Agamé Romà et degiac Beiran se sont réunis à ras Sebath.

9 mars 1896. — On n'a pas de nouvelles du corps d'opération. Les chefs rebelles sont allés vers Debra-Damo. Dans les environs d'Adigrat sont restés le fitaurari Ailu Mariam et quelques autres sous-chefs de peu d'importance, qui occupent, avec environ 40 fusils, les hauteurs de Zeban Sofra et de Bahati.

10 mars 1896. — On n'a pas de nouvelles de notre corps d'opération.

Le bruit court qu'il y a eu, à Coatit, une rencontre entre nos troupes et celles des ras Mangascia et Alula. On en ignore l'issue. Les informateurs rapportent que le négus se trouve à Mai-Cioo, marchant vers Debra-Damo.

Degiac Agos l'a rejoint. Il semble que ras Sebath est, dans le Surropo, à ramasser les fusils des Italiens.

Ces deux chefs ont fait la paix, en se partageant l'Agamé. Ras Sebath aurait la zone au nord d'Adigrat et degiac Agos la zone du sud.

Dans les environs d'Adigrat, il y a peu d'hommes en armes; des paysans sont éparpillés dans les villages de la combe; peut être y trouve-t-on le fitaurari Ciafarè avec 15 fusils et Seleca Gabriet, de Megheb, avec 5 fusils.

Fitaurari Ailù Mariam et Grasmac Asfad se sont portés avec une trentaine de fusils dans le Gulà-Mocadà.

11 *mars* 1896. — On n'a pas de nouvelles du corps d'opération. La rencontre de Coatit se confirme, mais on n'en connaît pas l'issue. A Debra-Damo, on fait des préparatifs pour l'arrivée du négus.

Dans le but de faire cesser les ennuis que nous causent quelques rebelles des pays voisins, qui viennent dans le voisinage immédiat du fort, soit pour essayer de faire une razzia, soit pour empêcher que l'on apporte les vivres au fort, on prend sept otages dans les pays de Nébi, Bet Ariat, Adeseban, Adigrat et Condaro.

12 *mars* 1896. — On n'a pas de nouvelles du corps d'opération. Les informateurs rapportent que dans la nuit du 13 au 14, l'armée choanne entourera Adigrat : ras Mangascia viendrait par le col Alequà, ras Alula et le négus arriveraient par Debra-Damo.

Le tribunal extraordinaire de guerre condamne à être fusillé, dans le dos, l'Ascari Abraha Garamedin, accusé d'excitation à la désertion et à la révolte. La sentence est exécutée à 3 h. 1/2 de l'après-midi.

13 *mars* 1896. — On n'a pas de nouvelles du corps d'opération. Les informateurs rapportent que le négus n'est pas encore arrivé à Debra-Damo et qu'une colonne de l'armée choanne, allant faire une razzia, dans le Bezet, a emporté

tout le bétail et tout le grain après avoir dû combattre sérieusement avec les paysans.

Fitaurari Ailù Mariam, venant de Gulà Mocadà, est revenu sur les hauteurs de Ghenati.

14 *mars* 1896. — On n'a pas de nouvelles du corps d'opération. Les informateurs rapportent que le négus n'a pas encore quitté les environs d'Entiscio et qu'il est probable qu'il n'ira pas à Debra-Damo.

A 7 h. 1/2 du matin, on a hissé le drapeau sur le fort, au milieu des détonations de l'artillerie; la troupe rangée sur les parapets a présenté les armes (1). Le drapeau restera déployé en permanence.

15 *mars* 1896. — On n'a pas de nouvelles du corps d'opération.

Il semble que le négus a déplacé son camp vers Adoua et qu'il n'a plus l'intention d'aller à Debra-Damo.

Le bruit court que l'on va conclure la paix. Le major Salsa serait allé au camp du négus pour entrer en pourparlers.

16 *mars* 1896. — On n'a pas de nouvelles du corps d'opération. Le pays aux environs d'Adigrat est tranquille. Il n'y a que quelques paysans armés.

On dit que les Hamaras, mécontents et fatigués de combattre, ont demandé à retourner dans leur pays. Le négus leur aurait adressé une proclamation promettant de les reconduire lui-même chez eux, parce que l'on ne se battrait plus.

17 *mars* 1896. — Aucune nouvelle du corps d'opération. Les informateurs rapportent que l'armée du négus est en retraite et que l'on dit que la paix est conclue. Avec le négus sont tous les ras et chefs de l'armée.

18 *mars* 1896. — A 5 heures du soir, arrive un courrier

(1) Le 14 mars est l'anniversaire de la naissance du roi Humbert. (*Note du traducteur.*)

porteur d'un billet, daté de Saganeiti, du 8 courant, écrit par le major Siotto Pintor, commandant de cette garnison.

La situation de l'armée choanne et des rebelles, dans les environs d'Adigrat, est sans changement.

19 *mars* 1896. — Aucune nouvelle du corps d'opération.

Dès les premières heures du matin, on a remarqué le passage de plusieurs mulets chargés, au delà d'Adigrat, sur les dernières pentes des montagnes. Vers midi, le mouvement continuait toujours, et comme nous avions des raisons de croire que c'étaient des vivres qui étaient transportés au camp du négus, on lança quatre obus à balles, avec les pièces de campagne, contre la caravane. On fit sortir la compagnie indigène et la bande de Grasmac Tafari. Il y eut un échange de coups de fusils et nos hommes, après s'être avancés jusqu'à la limite extrême de la plaine, au nord-ouest d'Adigrat, rentrèrent dans le fort, en ramenant 12 bœufs.

20 *mars* 1896. — Un billet, reçu à 3 heures de l'après-midi, nous apprend que les troupes italiennes occupent la ligne Mareb-Gura-Saganeiti et que l'on a entamé des négociations pour la paix.

21 *mars* 1896. — Aucune nouvelle du corps d'opération. Dans les environs du fort, tranquillité absolue.

Il résulte des informations reçues que le camp choan se trouve aujourd'hui à Araher (Hausien) et qu'il a peu de canons, presque toute l'artillerie ayant été envoyée dans le Choa. Aujourd'hui on a terminé les travaux pour la défense du fort, travaux pour lesquels on a employé toutes les troupes de la garnison avec leurs officiers.

22 *mars* 1896. — Aucune nouvelle du corps d'opération.

Il résulte des informations reçues que Ménélik est campé aujourd'hui dans la plaine de Aguddi, en même temps que ras Mangascia Atichin, ras Mangascia Johannès, ras Oliè et ras Sebath. Sur la droite du camp de Ménélik est campé le négus Taclé-Aimanot.

A Zeban-Ciao, près de Aguddi, il y a ras Maconnen et les soldats de fitaurari Gobajè. Dans le camp, les vivres manquent, il y a beaucoup de malades. Le mécontentement est général, ce qui amène beaucoup de désertions. Le major Salsa n'est pas encore arrivé au camp et l'on n'a de lui aucune nouvelle. Les prisonniers italiens ont été emmenés dans le Choa, sous la conduite de l'uagscium Guangul.

23 *mars* 1896. — Par un billet du commandant de la garnison de Saganeiti, qui nous envoie une seconde copie des dépêches du général Baldissera (dépêches que nous avons déjà reçues), nous savons qu'il y a des garnisons italiennes à Keren, Decamerè, Saganeiti, Sabarguma, Umbeito, Archico, Schichet, Saati, Ghinda, Adi-Ugri et Adiqualà. Nous apprenons aussi que le major Salsa est déjà allé au camp du négus et que, le 18 de ce mois, il y a eu, à Sabderat, une rencontre avec les Derviches qui ont été repoussés, après avoir éprouvé de fortes pertes.

Des informations nous apprennent que le négus se trouve au sud de Mai-Megheltà, avec tous les ras, moins ras Maconnen, lequel se trouve au sud-ouest.

24 *mars* 1896. — Aucune nouvelle du corps d'opération. Hier, au camp choan, on a tenu un conseil. D'abord le parti d'attaquer Adigrat a prévalu.

Mais ensuite, à cause, sans doute, du mécontentement général, du manque de vivres et des nombreux cas de dyssenterie, la retraite a été décidée.

25 *mars* 1896. — Le major Salsa arrive au fort à 7 h. 1/2 du soir; il vient d'Asmara et il se dirige vers le camp du négus pour y débattre les conditions de la paix. Il nous met au courant des derniers événements et de la situation présente.

26 *mars* 1896. — Aucune nouvelle du corps d'opération. Les nouvelles sur l'ennemi manquent également.

Le major Salsa, ayant appris hier que l'ennemi avait commencé son mouvement de retraite, a passé la nuit au fort. Il y est resté tout aujourd'hui en attendant que la retraite de l'ennemi soit confirmée. Pendant ce temps-là, il a envoyé un courrier à ras Mangascia et un billet au gouverneur.

Le nombre des malades ayant sensiblement augmenté, on donne l'ordre aux chefs des différentes fractions d'améliorer les logements des troupes, en soulevant les tentes par de petites murettes en pierres sèches ou en mottes de gazon et en construisant de petits châlits pour que les soldats, pendant leur sommeil, ne soient pas en contact avec le sol.

27 mars 1896. — Aucune nouvelle du corps d'opération. Il résulte des informations, que le négus se trouve campé près de Macallè. Ras Mangascià et ras Alula sont à Augher et degiac Agos à Beerà.

28 *mars* 1896.
29 *mars* 1896.
30 *mars* 1896. } La situation ne change pas.
31 *mars* 1896.

Le major Salsa est parti ce matin pour Ucro, où il a rendez-vous avec ras Maconnen pour discuter les conditions de la paix.

A 4 heures du soir, arrive un billet du gouverneur à l'adresse du major Salsa.

Comme les médecins sont d'avis que l'infection typhique, qui commence à prendre des proportions alarmantes, doit son origine et son développement aux eaux souillées, on prend les dispositions nécessaires pour renouveler et améliorer les filtres des puits et des réservoirs, et pour donner un filtre à chaque unité.

1er avril 1896. — Aucune nouvelle du corps d'opérations.

Il résulte des informations que le négus est campé à

Agulà où il a été rejoint par ras Maconnen. Ras Mangascià est à Dongomirà, à trois heures au sud-ouest de Alequà.

2 *avril* 1896. — Aucune nouvelle du corps d'opérations.

L'ascari Garamedin Gabré Cristos, de la 4e compagnie du 8e bataillon, fait prisonnier à Adoua, et qui a réussi à s'évader de Macallé le 27 mars, raconte que les prisonniers italiens (un millier environ de soldats et une centaine d'officiers) ont été conduits d'Adoua dans le Tembien, et de là à Macallé. Les prisonniers gravement blessés ont été conduits à Axoum.

3 *avril* 1896. — A 9 heures du matin, arrive une lettre du gouverneur, adressée au major Salsa; on la fait suivre à 11 heures en la faisant porter par un gendarme indigène.

Il résulte des informations que le négus est à Macallé, ras Mangascià à Tzalà avec ras Sebath; que degiac Agos est à Beera, où il a fait recueillir du miel pour ras Mangascià. Le négus a réconcilié entre eux ras Sabath et degiac Agos. Ras Mangascià dispose actuellement de 2.000 fusils, ras Alula de 1,500, ras Sebath et degiac Agos d'un peu plus de 1.000. La troupe a eu repos pour pouvoir s'acquitter de ses devoirs religieux.

4 *avril* 1896. — Deux courriers arrivent de Saganeiti; ils apportent deux copies du billet adressé par le général Baldissera au major Salsa, billet que nous avons déjà reçu hier et fait suivre sur Ucro.

Sur l'ennemi, nous avons les nouvelles habituelles.

A la suite des négociations entamées, sur l'initiative du commandant du fort, avec ras Sebath, par vingt civils italiens et grecs, pour obtenir l'autorisation d'aller à Saganeiti, ceux-ci sont partis ce matin, escortés par des soldats de ras Sebath qui a exigé une rançon de 25 thalers par personne.

5 *avril* 1896. — Il résulte des informations que le camp du négus est près d'Antalo et que ras Mangascià est toujours à Tzalà.

Aujourd'hui, jour de Pâques, à 9 h. 30 du matin, on a célébré, sur la place du fort, une messe à laquelle a assisté le commandant du fort avec tous les officiers disponibles et la troupe.

6 *avril* 1896. — A 11 heures du matin, arrive au fort un ascari de ras Sebath, porteur d'une lettre du lieutenant Poggi. On lui répond.

On envoie en même temps une lettre à ras Sebath.

7 *avril* 1896. — Les informations sur l'ennemi sont les mêmes que les jours précédents. Toutefois, degiac Agos est allé rejoindre ras Mangascià. Fitaurari Ailù Mariam est sur les hauteurs de Bahati.

Le soldat César Farina, de la 2e compagnie de chasseurs, se trouvant de garde au parc à bœufs, a déserté avec ses armes et munitions.

8 *avril* 1896. — Aucune nouvelle du corps d'opérations.

9 *avril* 1896. — Aucune nouvelle du corps d'opérations.

D'après les informations, le négus se trouve aux environs du lac Ascianghi ; Taclé Aimanot s'est dirigé sur Socota ; les chefs tigrins occupent toujours les mêmes positions.

10 *avril* 1896. — Il résulte des informations que les Choans ont déjà dépassé Ascianghi. Au dire des habitants, ras Sebath a donné l'ordre d'évacuer le pays, afin d'empêcher que l'on porte des approvisionnements au fort.

11 *avril* 1896. — Les informateurs rapportent que ras Sebath a fait une proclamation pour ordonner à tous ses hommes armés de se rassembler lundi prochain, 13.

12 *avril* 1896. — L'ordre de ras Sebath est confirmé : ses hommes, qui doivent avoir avec eux pour deux jours de vivres, se réuniront à Mai-Cioo.

13 *avril* 1896. — A 6 heures du matin, l'indigène Gabrè Cristos, venant de Adi-Caié, arrive au fort apportant un paquet de médicaments et un billet du lieutenant Maggioli.

Le muntaz Bilal Sudané, de la 1re compagnie du 8e bataillon indigène, fait prisonnier à Adoua, et qui a pu s'évader le 6 de ce mois, rapporte qu'il a quitté le camp choan à une journée de marche au sud de Amba-Alagi. Il n'a pas vu le major Salsa.

14 *avril* 1896. — Il résulte des informations que ras Mangascià a transporté son camp à Derderà (au-dessus du massif de Alequà).

15 *avril* 1896. — Il résulte des informations que, à Adagamus, il n'y a personne. Ras Sebath a rejoint hier ras Mangascià. Celui-ci, pour rendre plus active la surveillance, a envoyé ses soldats sur les routes qui conduisent à Adigrat.

16 *avril* 1896. — A 6 heures du matin, arrive au fort un courrier porteur d'un paquet de médicaments.

17 *avril* 1896.— En ce moment, l'effectif des troupes qui sont dans le camp de Denderà n'atteint pas la valeur de deux de nos bataillons.

18 *avril* 1896. — Aucune nouvelle du corps d'opérations.

19 *avril* 1896. — A 8 heures du matin, deux déserteurs de ras Mangascià se présentent au fort; ils demandent à être enrôlés comme ascaris. Ils disent avoir déserté parce qu'ils avaient peu à manger; ils donnent plusieurs nouvelles, déjà connues, sur le camp ennemi, lequel se trouve depuis le 17 à Anamatzo.

20 *avril* 1896. — Aucune nouvelle du corps d'opérations.

Il n'arrive au fort aucun informateur.

La surveillance des soldats de ras Mangascià, autour du fort, est devenue très active.

21 *avril* 1896. — Les informateurs rapportent que degiac Tesfai Aguddi se livre au brigandage.

La surveillance de l'ennemi est toujours très active pour empêcher l'arrivée des approvisionnements au fort; quelquefois, pendant la nuit, il nous arrive quelque indigène amenant avec lui un petit nombre de bœufs malades.

A 7 heures du soir, on envoie un courrier à Adi-Caiè.

22 *avril* 1896. — Les informateurs rapportent que ras Mangascià a toujours son camp au même endroit et que ras Sebath a fait occuper Amba-Debrà par le fils de degiac Destà.

23 *avril* 1896. — Selon les informateurs, la surveillance autour du fort s'exerce de la façon suivante :

Sur la route de Adigrat, col d'Alequà et environs, il y a Ligg Betzebé et fitaurari Cassac. Le centre est à Bucot; environ 60 fusils;

Du village d'Adigrat jusqu'à la route principale qui va à Adagamus, il y a Blata Tesfori Mariam. Le centre est à Hacaè; environ 30 fusils;

De la route principale qui va de Adagamus (au sud d'Adigrat) jusqu'à Nebit, il y a fitaurari Ailù Uold Scium-Agamè Dessù. Le centre est à Saetà; environ 80 fusils;

De Nebit à Gualà, il y a fitaurari Ailù Uold Scium Agamé Sebath. Le centre est à Bahati-Falasso; environ 20 fusils;

De Gualà à la route principale qui va à Mai-Maret, il y a fitaurari Enghestè. Le centre est à Mai-Maret; environ 15 fusils.

24 *avril* 1896. — Les informateurs rapportent que ras Mangascià est toujours à Anamatzo.

Vers 10 heures du matin, un des petits postes, placé dans le village d'Adigrat, a tiré à plusieurs reprises contre un groupe d'indigènes qui s'était formé dans les environs de Bucot : un certain nombre de coups de fusil ont été échangés. Du fort on a lancé huit obus à balles qui ont dispersé les ennemis.

25 *avril* 1896. — Le courrier parti pour Adi-Caié, le 21 dernier, revient apportant un billet du général Baldissera.

26 *avril* 1896. — A 10 heures du soir, pénètrent dans le fort un envoyé de confiance de Bascià Gusciù et l'indigène Agos. Tous les deux nous apportent des informations de diverse nature.

27 *avril* 1896. — Il résulte des informations que l'armée choane a continué son mouvement de retraite au delà de Cobo (au sud du lac Ascianghi).

Le commandant du fort ordonne au bataillon de chasseurs de prendre du bois dans le village d'Adigrat et de le porter dans le fort pour augmenter la réserve en vue de la plus grande consommation que l'on en fera si les événements, nous empêchant d'employer l'eau salubre du ruisseau d'Adigrat, nous obligent à ne consommer que de l'eau bouillie.

Mort du lieutenant Paoletti, commandant la compagnie du génie.

28 *avril* 1896. — Les informateurs rapportent que ras Mangascià est toujours à Anamatzo, et que Ligg Betzebé est parti hier soir de Bucot avec tous ses soldats, se dirigeant vers le camp du ras.

29 *avril* 1896. — Le fils de ras Sebath, Destà, est allé à Amba-Debrà ; ras Alula est parti aujourd'hui pour Debrà-Damo. Degiac Adgù, qui avait eu des différends avec Mangascià, s'est de nouveau soumis.

30 *avril* 1896. — La provision de bois faite ces derniers jours a augmenté la réserve du fort d'environ 400 quintaux.

1er *mai* 1896. — A 2 heures de l'après-midi, passe, par Adigrat, un courrier venant du camp ennemi, et portant au gouverneur une lettre de Ménélik et une de ras Mangascià. Il rapporte que le major Salsa se trouve près de ras Mangascià. Il continue tout de suite sa route vers Adi-Caié.

A 4 heures de l'après-midi, arrive un ascari de ras Mangascià, porteur d'une lettre du ras et d'une autre du major Salsa.

2 *mai* 1896. — A 3 heures de l'après-midi, arrive au fort un billet du général Baldissera annonçant que nos troupes partent aujourd'hui de Senafé et marchent sur Adigrat.

La nouvelle de la marche en avant du corps d'opérations

doit déjà s'être répandue dans le pays, car on remarque que la surveillance des postes ennemis, placés autour du fort, est bien moins active.

A 7 heures du matin, on envoie au camp de ras Mangascià un ascari arrivé hier, lequel porte une lettre pour le ras et une autre pour le major Salsa. Il est accompagné par deux ascaris de la centurie qui portent quelques effets d'habillement et des vivres adressés au ras et au major.

A midi, on envoie au commandant en chef un billet pour lui faire connaître que, en cas de besoin, la résistance du fort pourrait être prolongée jusqu'à la fin du présent mois de mai.

3 *mai* 1896. — D'après les informateurs, le bruit court qu'une rencontre a eu lieu entre la pointe de notre avant-garde (bande cagnasmac Maharai) et les bandes de ras Sebath. On dit que ras Mangascià transporte aujourd'hui son camp à Mai-Meghellà.

Le commandant du fort ordonne à grasmac Tafari de se porter avec sa bande, forte de 50 hommes, en reconnaissance vers Mai-Maret, dans le but de chercher le contact avec l'avant-garde de notre corps d'opérations, et d'inquiéter les rebelles qui tenteraient de s'opposer à la marche en avant de nos troupes. Si elle est attaquée par des forces supérieures, la bande doit se dégager et rentrer au fort.

Le grasmac, parti vers 7 heures du matin, a suivi la crête des hauteurs de Megheb en se dirigeant vers Mai-Gheduf, sans rencontrer de résistance de la part des habitants, auxquels il assurait qu'il ne venait pas pour faire une razzia. Après avoir dépassé Mai-Gheduf, il a vu à une certaine distance un fort rassemblement d'hommes en armes, qu'un paysan lui a dit être des soldats de degiac Agos. Considérant comme imprudent d'aller plus loin, le grasmac s'est retiré. Les habitants des pays que la bande avait traversés, qui certes n'ignoraient pas la présence de dégiac Agos dans les environs, s'étaient réunis pour

attaquer notre bande par derrière. Aussi, à peine nos
hommes avaient-ils commencé leur mouvement de retraite
qu'ils se sont trouvés face à face avec des forces supérieures
qui les ont attaqués en cherchant à les envelopper. Notre
bande, manœuvrant avec une solidité admirable, a réussi
à triompher de la première résistance; mais l'enveloppe-
ment aurait été inévitable à cause de la grande disproportion des forces (les ennemis étaient au moins au nombre
de 200) si la rapidité de la manœuvre du grasmac n'avait
contraint l'ennemi à prendre une position en arrière, en
un point qui était battu par notre artillerie.

La retraite de la bande, appuyée par le feu des deux
pièces de la batterie de campagne, a pu s'accomplir dans
le plus grand ordre. Le grasmac rentrait au fort à 2 heures
de l'après-midi environ. Il avait eu un ascari et deux
mulets de blessés.

4 mai 1896. — Dans la matinée, aucune nouvelle du corps
d'opérations.

Considérant que, à la suite de la lettre de Ménélik et du
billet envoyé, le 2, au commandant en chef, le corps d'opérations a dû s'arrêter dans les environs de Mai-Maret, le
commandant du fort n'envoie aucune reconnaissance. Vers
midi, on remarque dans la direction de Cherseber des colonnes de fumée. Vers 1 heure, on voit paraître, vers Cherseber, sur la crête où se trouvent les derniers signaux de
l'artillerie, quatre cavaliers qui se dirigent vers le fort, à
toute vitesse. De l'observatoire on reconnaît parmi eux un
officier italien. La nouvelle se répand dans la troupe, en
un clin d'œil. Au bout de quelques minutes, le lieutenant
Bodrero entre dans le fort annonçant que la première
division (général del Mayno) a déjà dépassé Cherseber.
Les soldats groupés devant la porte et sur la place accueil-
lent le lieutenant avec des cris de joie.

Le commandant du fort, accompagné de 3 officiers et escorté par quelques soldats indigènes, sort à 2 heures pour

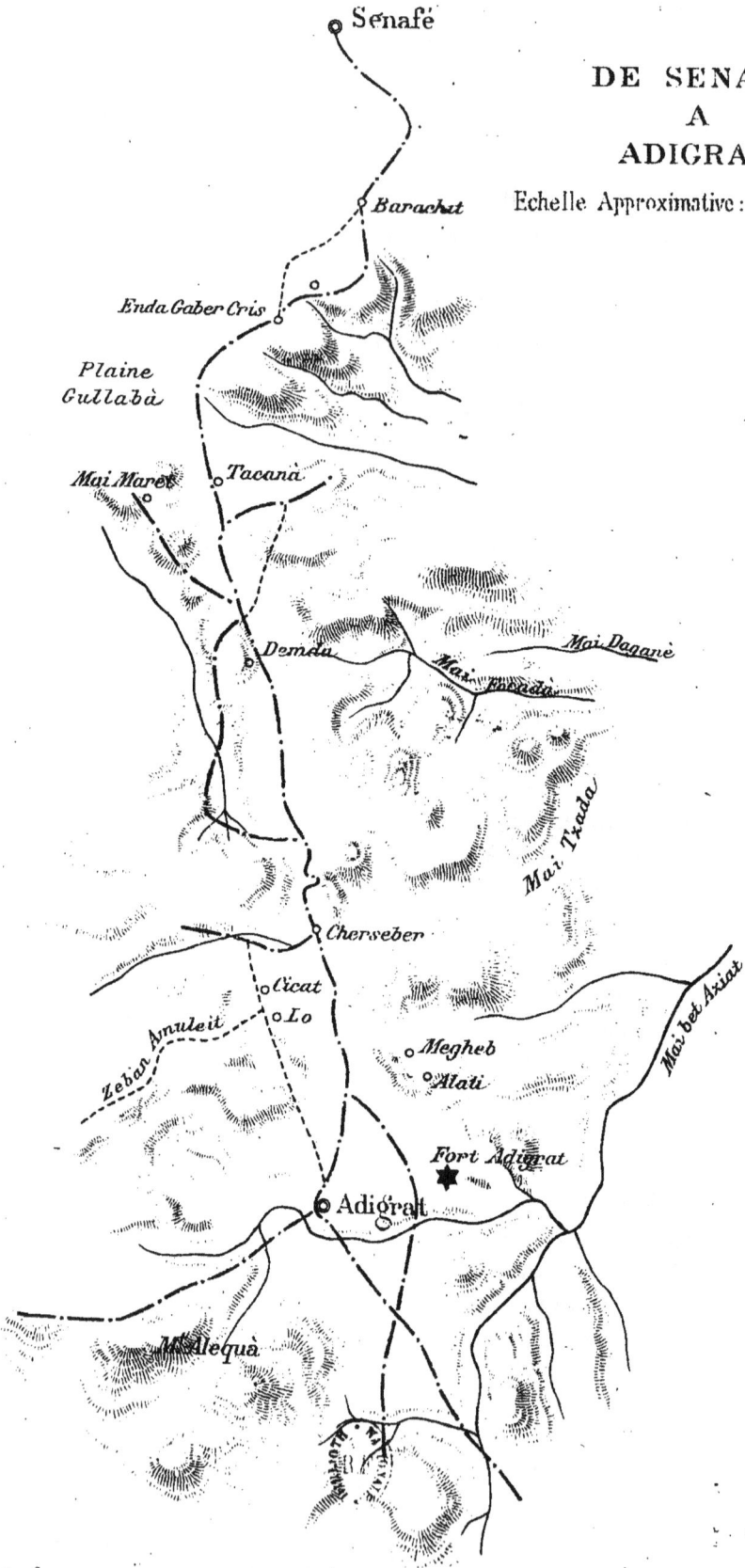

DE SENAFÉ
A
ADIGRAT

Echelle Approximative : 1/280.000

Senafé

Barachit

Enda Gaber Cris

Plaine
Gullabà

Mai Maret

Tacana

Demda

Mai Dogane

Mai Txada

Chersseber

Cicat

Lo

Mai bei Axiat

Zeban Amuleit

Megheb

Alati

Fort Adigrat

Adigrat

Mallequa

aller au devant des troupes libératrices. Après avoir dépassé les signaux de l'artillerie, on entend sur les monts qui entourent la combe à l'ouest le bruit d'une vive fusillade. Ce sont des rebelles que quelques bataillons déployés ont vite fait de mettre en fuite. Le commandant du fort, après avoir conféré avec le gouverneur, rentre à 5 heures. Sur les hauteurs de Megheb on voit les campements des bataillons les plus avancés de la 1ʳᵉ division.

A 8 h. 10 du matin, arrive un soldat de ras Mangascià porteur d'une lettre du major Salsa au commandant du fort.

A 10 heures, le même soldat repart avec la réponse pour le ras et un billet pour le major Salsa.

A 9 heures du soir, arrive un ordre du commandant du corps d'opérations ; on répond en envoyant la note du matériel existant dans le fort et on demande des instructions sur l'ordre que l'on devra suivre dans l'évacuation.

On demande, en outre, s'il faut aussi faire sortir les 500 militaires les moins aptes aux opérations de la guerre.

5 mai 1896. — Le corps d'opérations campe sur la place de Cherseber et sur les hauteurs voisines.

Ras Sebath et degiac Agos, dans le Surropo, sont tenus en respect par le 2ᵉ bataillon indigène mis à la disposition du colonel Stevani. Ras Mangascià a quitté Amba-Sion pour se porter plus au sud. Ras Alula et ras Agos sont dans le Damo.

A 7 h. 1/2 du matin, commence l'évacuation des malades et des individus les moins aptes à la marche. Avec ces hommes partent, pour les escorter, la 6ᵉ et la 4ᵉ compagnies, plus 336 hommes portant 42 malades sur des brancards. En tout, dans cette journée, le fort est abandonné par 20 officiers et 1.169 hommes de troupe, tant italiens qu'indigènes.

Vers 9 heures du matin, arrive au fort un officier d'ordonnance du général del Mayno, pour demander si le fort

peut être évacué complètement dans la journée. Le commandant répond qu'il garantit l'évacuation complète, si on lui
envoie, avant midi, les animaux nécessaires.

Sur un ordre du commandant du corps d'opérations, le
lieutenant Ragusin est envoyé au commandant de la 1re division, avec la bande de grasmac Tafari. Le lieutenant
Rossi, avec les quelques soldats indigènes restants, passe
à la disposition de l'état-major du général en chef.

Avec les animaux restés disponibles après l'évacuation
des malades, et sur l'ordre du général del Mayno, on transporte au magasin de vivres de la 1re division presque tous
les vivres existant dans le fort.

Arrivent au fort le major Fusco du génie et les deux
capitaines commandant la compagnie du génie du corps
d'opérations pour préparer la destruction des bâtiments et
des ouvrages de défense. Sous leur direction, on prépare
des chambres de mine dans certains bâtiments et on commence la destruction d'une fraction du parapet. Le commandant du fort fait suspendre cette dernière opération.

L'abandon du fort semblant imminent, on fait sauter les
quatre pièces de campagne et une mitrailleuse.

A 3 heures de l'après-midi, on reçoit du commandant
en chef, l'ordre de suspendre l'évacuation des vivres, de
l'artillerie et des munitions.

Sur l'ordre du commandant en chef, on retire des ré-
seaux de fil de fer deux kilomètres et demi de fil télégraphique que l'on expédie le soir même à Cherseber.

6 *mai* 1896. — Le commandant en chef ordonne que la
garnison n'abandonnera pas le fort sans un ordre exprès.

Vers 1 heure de l'après-midi, on met le feu accidentelle·
ment à une pile de bois de la réserve du fort. L'incendie se
communique à quelques tentes de la 5e compagnie, détrui-
sant les effets des soldats, les armes et les cartouches. On
est complètement maître du feu à 2 h. 45, sans que l'on ait
eu à déplorer le moindre accident.

Vers midi, on surprend deux indigènes qui détruisent le réseau de fil de fer, dans le but de s'emparer des canons de fusil qui servent de piquets. Vers 9 heures du soir, la sentinelle qui est à la poterne avertit qu'elle a entendu distinctement, dans la direction de la lunette, le bruit de gens qui coupaient le fil de fer. On met tout de suite de garde, dans l'ouvrage détaché qui est inoccupé depuis hier, une escouade d'ascaris du 3e bataillon, venus pour emmener les bagages.

Dans la journée, on évacue presque tous les gros bagages du dépôt.

7 *mai* 1896. — Le commandant du corps d'opérations visite le fort à 8 heures du matin.

On s'entend au sujet de l'évacuation du matériel en trop.

8 *mai* 1896. — Sur un ordre du commandant en chef, la garnison et le fort passent sous les ordres du général del Mayno, commandant la 1re division.

Arrivent au fort la 1re batterie de montagne pour y tenir momentanément garnison et une compagnie du génie pour réparer la portion du parapet qui a été démolie le 5.

9 *mai* 1896. — On évacue les munitions.

10 *mai* 1896. — L'évacuation des munitions continue.

11 *mai* 1896. — La compagnie du génie, ayant fini son travail, part à 7 heures du matin.

On continue à évacuer les munitions.

12-13 *mai* 1896. — L'évacuation des munitions continue.

14 *mai* 1896. — L'évacuation des cartouches à balistite étant terminée, on commence la destruction des cartouches à poudre noire.

15 *mai* 1896. — On continue la destruction des cartouches à poudre noire.

16 *mai* 1896. — A la suite des négociations entamées par le gouverneur avec le ras Mangascià, on attend demain les prisonniers.

Pendant la nuit, les hommes disponibles de toutes les unités sont employés à détruire, enterrer, ou noyer dans les puits le reste des munitions.

On termine l'évacuation des vivres restés dans le fort.

17 *mai* 1896. — La restitution des prisonniers aura lieu demain au lieu d'aujourd'hui.

18 *mai* 1896. — Le lieutenant Bodrero, qui a passé la nuit au fort, part à 5 h. 30 du matin, dans la direction du col de Saetà, pour aller recevoir les prisonniers.

A 10 heures du matin, la troupe, réunie en armes, rend les honneurs au drapeau, qui est amené, sur l'ordre du commandant du fort.

Peu après, on voit descendre, du col de Saetà dans la plaine, les troupes de Tesfai Antalo, sur 3 colonnes. Une de ces colonnes avance jusqu'à 1 kilomètre environ de l'enceinte. Le commandant du fort suspend la sortie des troupes et fait occuper le parapet par 2 compagnies.

A 10 h. 30, arrive un billet du lieutenant Bodrero prévenant que, obligé de rester jusqu'à ce moment, par ce que les prisonniers n'étaient pas encore arrivés, il les précédera en compagnie de Bascià Tuoldù chargé de prendre le fort en consigne. Il ajoute qu'il a averti Tesfai Antalo de rappeler la colonne qui avançait. En effet, celle-ci s'arrête. On fait alors sortir la troupe du fort et elle poursuit sa marche jusqu'au delà de la crête qui se trouve dans la direction de Cherseber; les ascaris de la compagnie de canonniers s'arrêtent à une centaine de mètres de la porte.

Le lieutenant Bodrero entre à 11 heures, avec Bascià Tuoldù, accompagné de 10 hommes en armes, et le commandant du fort passe le fort en consigne; il en reçoit un reçu.

A 11 h. 10, arrive le major Salsa et à midi arrivent les prisonniers, précédés de Tesfai Antalo.

Après avoir distribué le repas aux prisonniers et après

leur avoir donné des vêtements, le commandant abandonna le fort à 3 heures de l'après-midi, en donnant un reçu des prisonniers.

Adigrat, le 18 mai 1896.   Vu :

Le lieutenant,   Le commandant du fort,
CISTERNI.   Major PRESTINARI.

PIÈCE N° 3

Lettres et télégrammes.

———

Adigrat, le 6 mars 1896.

Au commandant en chef,

Je vous avertis que le fort d'Adigrat ne sera pas abandonné. Motif principal : transport d'environ 300 malades. Si j'avais été prévenu à temps, peut-être aurais-je pu l'abandonner plus tôt. Que la nation ne se préoccupe pas de nous. Nous ferons notre devoir.

Major PRESTINARI.

Lettre adressée par ras Sebath aux officiers italiens qui sont à Adigrat.

Adigrat, le 7 mars 1896.

Comment allez-vous? Moi, je vais bien, grâce à Dieu.

Le roi m'a envoyé une lettre. Laisse mes canons, mes fusils et puis va-t'en. Si tu dis de ne pas partir, envoie-moi une réponse. Vous, envoyez-moi une réponse.

Je dis ainsi, parce que cela vaut mieux et pour vous et pour nous. Si le roi vient, notre pays est perdu et vous vous perdez votre âme. La paix vaut mieux.

Lettre envoyée par le major Prestinari pour qu'elle arrive à ras Sebath.

Comment vas-tu? Moi je vais bien, grâce à Dieu, ainsi que tous mes soldats.

Tu as éprouvé ce que c'est que de rester prisonnier sur une amba. Ceux qui t'ont délivré sont des Italiens. Ceux-ci t'ont toujours fait du bien, jamais du mal.

Si tu as du cœur, tu traiteras bien les prisonniers italiens, sinon tu auras un compte à régler avec Dieu.

Les Italiens ont perdu une bataille, mais ils seront vainqueurs dans une autre. Dieu n'a pas encore dit son dernier mot.

Je sais que l'Italie est grande et je reste à mon poste de soldat.

Si tu veux faire la paix, envoie-le dire à Asmara.

Saganeiti, le 15 mars 1896.

Le général Baldissera télégraphie ce qui suit :
« Je vous prie d'envoyer un messager de confiance, en lui promettant une large récompense, au major Prestinari, pour lui remettre un billet ainsi conçu :

Nos troupes occupent la ligne Mareb-Gura-Saganeiti.

» On a entamé des négociations pour la paix. Le sort de la garnison d'Adigrat forme notre principal souci. »

BALDISSERA.

A Monsieur le commandant du fort d'Adigrat.

Je vous informe que des négociations pour la paix sont entamées entre l'Italie et l'Ethiopie. L'armée de Sa Majesté l'empereur d'Ethiopie se transportera à Addaga-Hamus,

mais Sa Majesté a promis que ses troupes ne s'approche-
ront pas du fort. Au nom de Son Excellence le gouverneur
de l'Erythrée, je vous prie d'éviter qu'il se produise des con-
flits entre nos troupes et celles d'Ethiopie, jusqu'à mon
arrivée qui aura lieu probablement dans la journée de
dimanche prochain.

Le Major,
SALSA.

Adigrat, 20 mars 1896, 3 h. après-midi.

Au général Baldissera.

Je reçois à l'instant le billet que vous avez télégraphié,
le 15, à Saganeiti. Il se confirme de plus en plus qu'il y a
un commencement de dissolution dans l'armée du négus;
il existe des dissentiments entre ce dernier et les ras tigrins,
et il y a des discordes intimes et encore cachées entre ces
derniers. Certainement le négus devra se retirer avant
d'être venu à bout d'Adigrat.

Si les négociations pour la paix venaient à se prolonger
ou à se rompre, il est presque certain que, dans peu de
jours, nous n'aurions devant nous que les ras tigrins, ce
qui nous permettrait d'améliorer les conditions dans lesquelles se trouve la colonie et de relever le prestige de
l'armée.

Permettez-moi, mon général, de vous soumettre ces mo-
destes appréciations que me dicte mon amour pour la
patrie. La garnison d'Adigrat, débarrassée des éléments
malsains qu'elle contenait, est calme et sereine et elle fera
certainement, jusqu'à la fin, tout son devoir.

PRESTINARI.

10 avril 1896.

Au commandant de Saganeiti.

Je vous prie de communiquer ce qui suit au commandant en chef :

Salsa n'est pas arrivé et ne m'est pas encore signalé. — Les conditions sanitaires de la garnison deviennent plus mauvaises. — La moyenne journalière des malades est de 350 dont, aujourd'hui, 13 officiers; presque tous sont atteints de la fièvre typhoïde.

Du 1er mars jusqu'à aujourd'hui, 22 hommes de troupe sont morts; onze cas de mortalité se sont produits dans ces dix derniers jours.

D'après l'opinion générale, cette épidémie provient des eaux souillées par les détritus des campements et les charognes enterrées autour du fort. Le manque de médicaments, de moyens curatifs et de tout confort aggravent les conditions sanitaires. On a pris toutes les mesures nécessaires pour atténuer cet état de choses, mais malheureusement, je doute qu'elles puissent avoir une grande efficacité.

La résistance me semble toujours possible jusqu'aux premiers jours de mai.

L'épidémie cependant fera probablement encore beaucoup de victimes. Aussi serait-il désirable, si la solution n'est pas prochaine, que l'on m'envoyât, au moyen d'un certain nombre de courriers, des médicaments en assez grande quantité.

Des informateurs qui reviennent du camp du négus, rapportent que celui-ci bat en retraite au delà d'Antalo; peut-être aujourd'hui est-il dans les environs d'Ascianghi. Une partie des soldats ont abandonné le négus pour rejoindre plus tôt leur pays.

Les habitants de l'Agamé disent que la paix sera faite

dans peu de jours, moyennant l'évacuation d'Adigrat. Ras Mangascià, Alula, degiac Agos sont à Tzala (c'est-à-dire à environ trois heures au sud-ouest de Alequà). Ras Sebath est à Mâî-Cioo (Surropo) asmac Singal avec Garamedin et Metelcà sont près de Acran et Ghergherà (sud-sud-ouest de Logo-Sarda).

P. S. J'ai reçu les médicaments qui m'ont été envoyés par le bachi Cassaï et le porteur de la lettre.

Prestinari.

----

29 avril 1896.

J'ai reçu vos dépêches nos 30 et 31. Le 2 mai, le corps d'expédition quittera Senafé pour aller au secours d'Adigrat. Stevani a remporté une magnifique victoire sur les Derviches ; maintenant il marche en tête du corps d'opérations. Nos troupes sont en d'excellentes conditions.

Plus que quelques jours encore !

Baldissera.

Lettre envoyée par le major Prestinari, commandant le fort d'Adigrat, pour être remise à ras Mangascià, fils du roi Jean, roi des rois d'Ethiopie.

Je suis heureux que vous soyez en bonne santé. Moi aussi, je me porte bien, grâce à Dieu.

Je suis heureux que le major Salsa soit avec vous et j'espère vous trouver toujours amis.

J'envoie quelque chose pour le major Salsa et pour vous.

J'envoie la montre réparée.

Ecrit à Adigrat, le 2 mai 1896.

Adigrat, le 2 mai 1896, midi.

Au Commandant en chef,

Le major Salsa m'écrit du camp du ras. Il dit prévoir qu'il devra rester là plusieurs jours.

Hier un messager a traversé nos avant-postes ; il était porteur d'une lettre du négus et d'une du ras Mangascià qui vous étaient adressées.

Tout cela indiquant une nouvelle phase des négociations, je m'empresse de vous faire connaître, pour que vous en profitiez le cas échéant, que, ici, en cas de besoin, nous pourrons résister, coûte que coûte, jusqu'à la fin du mois courant.

D'après les informations il résulte que ras Mangascia est à Maicuaià (au nord-est de Amba-Sion, à quatre heures d'Adigrat ; ras Alula est dans le Bezet, se dirigeant vers Damo ; ras Sebath et degiac Agos sont près de Dongollo, dans le but de s'opposer, là, au mouvement en avant des Italiens.

Un dissentiment latent existe entre ces deux derniers. La cause première en est l'occupation de Amba-Debrà par ras Sebath.

Le bruit court que dans le Damo on a vu des soldats indigènes italiens avec deux jus-bachis qui témoignaient l'intention de passer à l'ennemi.

PRESTINARI.

Lettre envoyée par le major Prestinari, commandant le fort d'Adigrat, pour être remise à ras Mangascià, fils du roi Jean, roi des rois d'Éthiopie.

Je suis heureux que vous soyez en bonne santé ; moi aussi, je me porte bien, grâce à Dieu.

Je vous remercie d'avoir remis les objets adressés au major Salsa.

J'espère que le major Salsa est libre, parce que ceux que

l'on envoie pour faire la paix ne peuvent pas être arrêtés.
C'est ce que dit l'Évangile du Christ et le *Livre des Rois*.

Écrit à Adigrat, le 4 mai 1896.

PRESTINARI.

Cherseber, le 4 mai 1896.

A Monsieur le commandant du fort d'Adigrat.

Demain matin, entre 7 h. et 8 heures, en utilisant tous
les moyens dont vous pouvez disposer, faites sortir du fort
tout ce qu'il est possible de faire sortir, en fait de personnel, et dirigez-le sur les campements du corps d'opérations.

Dès que je le pourrai, demain j'espère, je vous enverrai
d'autres moyens de transport.

Préparez donc à l'avance tout ce qu'il faut pour pouvoir
utiliser ces moyens de transport. Après l'évacuation complète du personnel, on évacuera, si possible, une partie du
matériel, en commençant par les munitions et les armes
portatives.

En conséquence, préparez aussi la destruction de tout
le matériel qui ne pourra probablement pas être emporté.

Pour l'évacuation dont il s'agit, vous serez appuyé par
les troupes de la division du général del Mayno auquel j'ai
communiqué tout ce qui précède.

En attendant, faites-moi connaître combien d'animaux
environ vous seront nécessaires pour évacuer le personnel et combien il vous en faudra pour le matériel indiqué
plus haut. Indiquez-moi également combien vous avez de
rations de vivres dans le fort, afin de pouvoir, éventuellement, recourir à ces vivres pour les troupes du corps
d'opérations. Naturellement, l'opération à effectuer demain
n'aura pas lieu, si les troupes de la division del Mayno
sont occupées, même partiellement, à combattre.

Dans ce cas, l'évacuation sera renvoyée à une époque
que le général del Mayno vous fera connaître.

Le lieutenant général commandant en chef,
BALDISSERA.

ANNEXE N° 3

Considérations sur le service de l'Intendance par le lieutenant-colonel RIPAMONTI, intendant du corps d'opération.

Avant-propos. — Il ne serait pas possible d'écrire un rapport complet, méthodique, absolument exact et muni de tous les documents statistiques nécessaires, sur le service de l'intendance pendant la dernière campagne, et cela pour plusieurs motifs que je vais exposer :

1° La campagne était déjà commencée lorsque l'intendance se mit à fonctionner. Par suite, la préparation nécessaire manquait. Les différents organes qui devaient fonctionner ensemble n'avaient pas pu être réglés à l'avance. On ne connaissait pas les éléments dont on devait disposer et sur lesquels il fallait se baser. Tous les services étaient déjà établis et fonctionnaient d'une façon quelconque.

2° Pendant la première période de la campagne, la juridiction de l'intendance fut limitée à une seule partie du théâtre d'opération. Par suite, ce qui arrivait d'un autre côté était inconnu de l'intendance.

3° Tous les services qui, régulièrement, auraient dû faire partie de l'intendance ne lui avaient pas été confiés. On en avait distrait, pour diverses raisons, les services du génie, de la télégraphie et la prévoté. On ne pourrait donc parler de ces services que d'une façon imparfaite, incomplète et sans aucune compétence.

4° Plusieurs autres services, sinon en vertu d'ordres supérieurs, tout au moins comme conséquence naturelle des événements, furent soustraits à la juridiction de l'intendance d'une façon plus ou moins complète et pour un temps plus ou moins long. C'est ce qui est arrivé pour le service de santé, dont la direction, dès la fin de février, fut enfermée dans Adigrat et mise dans l'impossibilité de communiquer avec les autorités supérieures jusqu'à la fin de la campagne. Par suite, le rôle de cette direction se borna à diriger une infirmerie de campagne. — Plus tard, dans la seconde période de la campagne, au mois de mars, quand l'intendance prit la direction des services de toute la colonie, des hôpitaux et des infirmeries fonctionnaient déjà à Kéren, Asmara, Adi-Ugri, Saganeiti et Ghinda, sous la dépendance immédiate de la direction de santé de Massaouah, et le passage de ce service sous la juridiction de l'intendance ne se fit que peu à peu et je dirai même d'une façon incomplète.

5° Pour déterminer le fonctionnement d'un même service, dans plusieurs cas, soit d'une façon permanente, soit à titre transitoire, il y eut double juridiction. Par exemple, concurremment avec l'intendance, pendant la 1re période de la campagne, l'autorité du vice-gouverneur s'étendit sur le service des étapes et sur celui des transports; et, d'une façon permanente, l'intendance et l'autorité civile eurent dans leurs attributions le service du trésor et celui de la poste.

6° Enfin, en laissant de côté les raisons moins sérieuses, le personnel fut constamment en nombre insuffisant et les mutations de ce personnel furent excessivement nombreuses. Ces mutations étaient dues, dans le principe, aux diverses exigences du service et, plus tard, surtout à la fin de la seconde période de la campagne, elles furent motivées par les rapatriements que des maladies malignes et opiniâtres rendaient nécessaires.

Ces observations que je viens de faire expliquent pourquoi j'ai mis en tête de ce travail le mot de *considérations* au lieu de *rapport.*

Organisation de l'Intendance. — Le 15 janvier, l'arrivée de nombreux bataillons de troupes blanches, sur le haut plateau, rendit nécessaire la création d'une intendance. L'intendance proprement dite ne pouvait se former ainsi à l'improviste, mais peu à peu, au fur et à mesure que l'on venait à bout de difficultés de diverse nature. Le personnel, surtout en officiers, fut organisé à la bonne franquette. Ce fut à un tel point que le principal travail de l'organe nouvellement créé fut de donner une assiette sommaire aux divers services, en recourant, pour cela, à des expédients qu'autorisaient les conditions exceptionnelles dans lesquelles on se trouvait. Pendant cette période difficile, on adopta, comme ligne de conduite, d'éviter autant que possible toute espèce de difficultés autres que celles créées par les événements. En un mot, on fit plus attention à la fin qu'aux moyens.

La partie principale des services de l'intendance était rassemblée, le 15 janvier, dans Adigrat, où se trouvait également l'état-major du commandant en chef. Il faut rappeler, à ce propos, qu'Adigrat était, à cette époque, le point le plus avancé de notre ligne d'opération, et que, par suite, cette place exerçait une influence spéciale sur la situation des services de l'intendance et des établissements avancés, trop exposés par rapport à l'ennemi.

Le service des subsistances était assuré par une direction du commissariat, dépendant de Massaouah. Le service de l'équipement et de l'habillement était dirigé par un seul lieutenant comptable; le service du trésor était fait par une succursale d'occasion. Pour le service de santé, il y avait à Adigrat une infirmerie de garnison avec 3 officiers médecins. Le service de la prévôté, à l'état-major du commandant en chef, était assuré par une compagnie de carabiniers royaux et l'autorité de son chef s'étendait sur toute la colonie.

Le service de l'artillerie avait à Adigrat un magasin et

un laboratoire. Celui du génie avait un détachement de sapeurs qui dépendait de la compagnie établie à Asmara. Le service télégraphique avait une section de télégraphistes.

Le service des transports était confié à l'entreprise. Celle-ci dépendait du vice-gouverneur et limitait son action aux trois lignes Massaouah-Mahio-Adigrat, Massaouah-Saganeiti et Massaouah-Asmara. Ce service avait été augmenté au moyen d'un certain nombre d'animaux réquisitionnés. Il y avait à Adigrat une compagnie du train, forte de deux cents Ascaris et de quelques centaines d'animaux de différentes espèces. Cette compagnie du train devait satisfaire à la fois aux besoins locaux et à certains services spéciaux de transport. D'autre part, le commandant de la compagnie du train d'Adigrat était commandant d'étape.

Enfin, pour le service des transports, on pouvait utiliser, dans une certaine mesure, deux tronçons de voies ferrées, c'est-à-dire :

1o Le tronçon Massaouah-Archico (12 kilomètres), parcouru par un Decauville;

2o Le tronçon Massaouah-Saati, parcouru par une voie ferrée à écartement réduit et capable de transporter, d'une façon normale, plusieurs bataillons par jour.

Pour le corps d'opération, il y avait deux lignes d'étape :

La première, nouvellement créée et plus directe, Massaouah-Archico-Mahio-Adi-Caié-Barachit-Adigrat;

La seconde, Massaouah-Saati-Ghinda-Asmara-Saganeiti-Adi-Caié, où elle se reliait avec la première.

Les fonctions de commandant d'étape étaient confiées, en principe, à des officiers subalternes d'infanterie et du train qui dépendaient du vice-gouverneur de Massaouah.

Le service vétérinaire n'avait pas encore été organisé d'une façon définitive.

Les divers services dont nous venons de parler communiquaient individuellement avec les bureaux de Massaouah sans l'intermédiaire d'un organe directeur. Aussi le premier soin de l'intendance, nouvellement constituée, fut de mettre de l'ordre dans les demandes et les communications et de discipliner ces diverses petites puissances. En somme, grâce à des dispositions analogues, prises par le vice-gouverneur de Massaouah, les services finirent par procéder d'une façon uniforme et par fonctionner régulièrement. Les secours venus d'Italie leur donnèrent une nouvelle impulsion. Dans la seconde quinzaine de janvier, on organisa, d'une façon identique, la direction du commissariat du corps d'opération, auquel on confia les services des subsistances, du trésor et de l'équipement. Puis ce fut le tour du service de santé et du service vétérinaire.

L'état-major du commandant en chef, pour des raisons d'opportunité et aussi pour diminuer le travail de l'intendance, prit, dans ses attributions, le service du génie, celui de la télégraphie et celui de la prévôté. On organisa le service de la poste et celui des étapes qui cessèrent tous les deux d'être sous les ordres du vice-gouverneur et passèrent sous la direction de l'intendance. Quant au service des transports, il continua, momentanément, à fonctionner comme par le passé.

Par suite, à cause du temps, des événements et des conditions spéciales dans lesquelles on se trouvait, le service de l'intendance vit se limiter sa sphère d'action normale.

Historique de l'Intendance. — La campagne entière peut se considérer comme divisée en deux périodes distinctes : l'une allant d'Adigrat à Abba-Garima (janvier-février) et l'autre allant d'Abba-Garima à Adigrat (mars avril-mai).

Au 15 janvier on trouvait déjà rassemblés à Adigrat, six bataillons indigènes (1er, 3e, 5e, 6e, 7e, 8e), plus celui de milice mobile. Le 4e bataillon avait été détruit à Amba-Alagi, le 2e était à Kassala. D'autres troupes allaient arriver sur le haut plateau, de sorte que, à la fin de janvier, on devait avoir, concentrés à Adigrat, environ 11.000 indigènes et 12.000 blancs. De plus, étant donné que chaque détachement avait avec lui ses convois avec 5 rations de vivres (60 mulets par bataillon), on allait avoir, pour tout le corps d'opération, 2.800 animaux.

Adigrat, comme nous l'avons dit, était une position trop avancée pour l'installation des services de l'intendance. Tout devait déconseiller d'accumuler, dans cette place, une grande quantité de ressources destinées au corps d'opération tout entier.

Et de fait, si, pour un motif quelconque, le corps d'opération devait reculer, même d'une seule étape, sous la pression de l'ennemi, toutes ces ressources renfermées dans le fort devenaient inutilisables, à cause de la difficulté des déplacements sur le théâtre d'opération de l'Erythrée.

Le principal centre de l'intendance aurait donc été mieux placé et plus en sûreté à Adi-Caiè, à quatre étapes d'Adigrat, plutôt qu'à Adigrat même.

Pendant ce temps, le 17 janvier, l'état-major du commandant en chef se portait à Adagamus à trois heures d'Adigrat, avec le gros du corps d'opération. Les vivres continuaient toujours à arriver en abondance de Massaouah. Toutefois, les moyens de transport faisaient défaut pour aller au delà d'Adigrat, où l'on avait réuni de 20 à 25 jours de vivres pour tout le corps d'opération.

Pour que l'armée pût marcher sur Macallé et y rester, il aurait fallu au moins 2.000 chameaux en plus des animaux que nous possédions.

Mais sans trop tenir compte de ces exigences, auxquelles, du reste, on pouvait faire face en employant quelque expédient extraordinaire, le commandant en chef préféra s'établir solidement à Adagamus pour y attendre les événements, plutôt que de s'avancer encore plus loin.

Nous en étions là quand se produisit la reddition de Macallé et s'effectua le mouvement de flanc des Choans vers Adoua. Notre armée, le 1er février, fut contrainte de se retirer à l'improviste sur Adigrat et de se porter de là vers Entiscio. L'intendance se mit sans retard à faire ses transports, si bien que l'évacuation des dépôts de Adagamus put s'effectuer dans l'après-midi du 3 février. En même temps, elle s'occupait des nouvelles lignes de ravitaillement sur Entiscio.

Mais le problème commençait à devenir difficile, non pas tant pour les vivres, qui étaient encore abondants, mais à cause des moyens de transport qui, depuis ce moment-là jusqu'à la journée d'Abba-Garima, furent chaque jour de plus en plus insuffisants. Les mille chameaux que l'on conservait à Adigrat, en vue d'une marche éventuelle sur Macallé, ne purent pas améliorer les conditions dans lesquelles se faisaient les transports. Il fallut avoir recours à la réquisition; cette mesure eut pour résultat de créer, à la veille d'Abba-Garima, une disproportion considérable entre les ravitaillements venant de l'arrière et ceux allant au delà d'Adigrat et de Adi-Caiè.

Au milieu des difficultés du moment, nous étions soutenus par l'espérance d'arriver bientôt à Adoua et de rouvrir la ligne de ravitaillement d'Asmara par Adi-Ugri, laquelle était bien plus directe et bien plus commode que la précédente qui, elle, était longue, tortueuse et difficile.

La plupart des difficultés qui entravaient les ravitaillements auraient ainsi disparu. Dans cette prévision, le soussigné, au commencement de février, signalait au vice-gouverneur l'intérêt qu'il y avait à constituer à Asmara un abondant dépôt de vivres.

Pendant ce temps, l'intendance se trouvait dans des conditions de plus en plus difficiles par suite de l'arrivée de nouvelles troupes de renfort et à cause d'une certaine largesse dans les prélèvements, largesse que rendaient regrettable le manque du personnel, la difficulté d'assurer le service, les nombreuses pertes de quadrupèdes et le ralentissement des ravitaillements occasionné par la réquisition. A partir de ce moment jusqu'à Abba-Garima, ce fut une succession continuelle d'expédients, d'angoisses, de craintes, de sollicitations et d'appels toujours motivés par la pénurie des vivres et auxquels on répondait toujours en alléguant le déplorable manque de moyens de transport.

On continua ainsi à vivre au jour le jour, au grand détriment, non seulement des conditions physiques, mais surtout des conditions morales du soldat.

Nécessité de modifier la ligne de ravitaillement et d'évacuer Adigrat. — Le corps d'opération se déplaçant vers Adoua, il devint plus évident que jamais que le choix d'Adigrat comme siège de l'intendance était absolument anormal. Il était urgent d'évacuer les magasins, en n'y laissant que la dotation normale du fort d'Adigrat (45 journées de vivres pour 1.000 blancs et 500 indigènes); il fallait absolument installer l'intendance et ses établissements avancés dans une position plus en arrière et plus sûre.

Dans ce but, l'intendant reconnut la ligne qui de Mai-Gabetà se réunit à Mai-Maret à la ligne Adi-Caiè - Adigrat, afin d'en tirer parti pour abréger la ligne de ravitaillement principale. Cette voie fut arrangée pour pouvoir être utilisée. Le corps d'opération en profita temporairement, mais l'évacuation des magasins d'Adigrat n'avança pas vite. C'est pourquoi, le 12 février, l'intendant prescrivit que tous les quadrupèdes provenant de l'arrière laisseraient à Adi-Caiè tout le matériel et toutes les denrées qui n'étaient pas de première nécessité, déchargeraient le reste à Mai-Maret et seraient dirigés, à vide, sur Adigrat, afin de pouvoir aider à transporter les vivres vers le corps d'opération.

Effets de la défection de ras Sebath et de Agos-Tafari. — Les mouvements allaient s'exécuter comme il vient d'être expliqué, quand se produisit la défection de ras Sebath et de Agos-Tafari.

Les bandes rebelles ayant, à la suite de cette défection, occupé la région du col de Saetà, les caravanes ne purent plus traverser sans danger le col d'Alequà. Le soussigné ordonna alors immédiatement que l'évacuation d'Adigrat se ferait en employant les mêmes moyens de transport, mais qu'au lieu d'aller directement sur Entiscio en passant par Alequà, les caravanes passeraient par Mai-Maret, d'où elles seraient dirigées sur Entiscio par Debra-Damo.

Cet ordre fut exécuté, et en trois ou quatre jours plus de mille quintaux de vivres furent transportés à Mai-Maret, qui devint un dépôt très important.

Pendant ce temps se produisaient, les 14, 15 et 16 février, les événements de Saetà et du col d'Alequà, événements auxquels les hommes de la garnison d'Adigrat assistaient de loin, en spectateurs, du haut des remparts du fort. Le 14 au soir, c'était un échange de coups de fusil, au col de Saetà entre les rebelles et le peloton Cisterni appartenant à la compagnie présidiaire d'Adigrat.

Le 15 au matin, avait lieu, toujours au col de Saetà, une nouvelle rencontre des rebelles avec le peloton du lieutenant de bersagliers de Conciliis (appartenant à l'intendance) qui était blessé et fait prisonnier. Enfin, le 16, se produisait une rencontre de rebelles, au col d'Alequà, avec la colonne Moccagatta, appartenant elle aussi à la compagnie présidiaire d'Adigrat; dans cette rencontre le lieutenant de bersagliers Caputo était enveloppé et recevait plusieurs blessures. Cet officier, qui appartenait à l'intendance, mourut au bout de peu de jours des suites de ses blessures. Le lieutenant Caputo venait du commandement d'étapes de Mai-Mergaz avec une petite caravane de chameaux non chargés.

Départ de l'intendance d'Adigrat. — A la suite de ces

événements, l'intendance se trouva de plus en plus gênée
à Adigrat et cela surtout parce que les rebelles, tournant
au loin autour de la place et s'approchant d'un côté et de
l'autre de la route Mai-Maret - Barachit, semblaient vouloir entourer le fort complètement. Par suite, il n'était plus
possible à l'intendance de se maintenir à Adigrat dans de
semblables conditions. D'autre part, après le départ de la
caravane qui, le 16, se dirigea sur Mai-Maret, il n'y avait
plus à évacuer qu'environ 800 quintaux de vivres. Aussi,
le soir de ce jour, je donnai des ordres pour que, le lendemain matin, 17, l'intendance sortît d'Adigrat avec la dernière colonne des subsistances et se dirigeât vers Adi-Caiè
en passant par Mai-Maret. La caisse devait faire partie de
la colonne, elle contenait environ 1 million en métal et elle
exigeait pour son transport tout près de 100 mulets. Avec
l'intendance, devaient sortir d'Adigrat les directions du
service des subsistances, du trésor et du service vétérinaire.
Les services de l'équipement, de l'artillerie, de la poste et
la compagnie du train devaient partir le jour suivant. Le
service de santé devait rester avec les 300 malades qui
étaient hospitalisés dans le fort et pour lesquels nous
n'avions, en ce moment-là, absolument aucun moyen de
transport.

Le télégraphe sur Barachit était interrompu à chaque
instant. Malgré cela je parvins à faire connaître mon
mouvement du lendemain au vice-gouverneur et au commandant de la compagnie indigène qui avait été envoyée
précipitamment ce jour là à Mai-Maret.

Dans la nuit du 16 au 17, peu après minuit, les garde-
fils du télégraphe qui avaient été envoyés d'Adigrat pour
réparer la ligne télégraphique de Mai-Maret dont s'étaient
emparés les rebelles, étaient accueillis, à quelques kilomètres du fort, par les coups de fusil des rebelles, et obligés
de reculer. Il en résulta, pour le fort, une alarme qui toutefois n'eut pas de suite.

Les rebelles s'étant emparés du col d'Alequà, la ligne
télégraphique de Mai-Maret et par suite les communications avec le commandant en chef furent définitivement
interrompues.

La colonne dont j'ai parlé plus haut, forte d'environ
600 quadrupèdes, sortait ainsi d'Adigrat, le 17 au matin,
quand, à 3 ou 4 kilomètres du fort, ainsi qu'on nous l'avait
annoncé dans la matinée, nous vîmes la route barrée par
des masses de rebelles, qui occupaient aussi les hauteurs
bordant le chemin. Poursuivre notre route dans de semblables conditions, avec une escorte ramassée çà et là, et
peu sûre, comme celle dont je disposais, aurait été souverainement imprudent, d'autant plus qu'une des masses
ennemies tentait un large mouvement tournant par la
droite, lequel aurait parfaitement pu avoir pour but de
séparer la caravane du fort. Nous fûmes donc obligés
de reculer. Je renvoyai d'abord la caravane au fort, puis
je la suivis lentement avec le gros de l'escorte, tandis que
plusieurs pelotons, lancés sur les hauteurs à l'est (précisément du côté où l'on avait vu se prononcer le mouvement tournant) découvraient de nouveau les rebelles et
parvenaient avec quelques feux de salve à en tuer quelques-uns.

A 11 heures du matin, toute la colonne était rentrée
dans le fort.

Pendant ce temps, les rebelles achevaient l'investissement de la place, et les bruits qui couraient parmi les indigènes faisaient croire que les rebelles avaient projeté, pour
le lendemain matin, une attaque de vive force contre Adigrat.

Le bataillon Valli se mit alors en mouvement en se dirigeant vers Alequà et battit les rebelles.

C'est ainsi que, tandis que la route de Barachit nous
était fermée, celle d'Alequà nous était rouverte par l'arrivée du bataillon Valli. Je pris donc la résolution de pren-

dre cette dernière route, dès le lendemain matin, pour me sortir finalement de cette situation épineuse et étrange qui, depuis deux jours, paralysait complètement l'action de l'intendance en la séparant en même temps du corps d'opération et des communications de l'arrière.

Pendant que je prescrivais les dispositions à prendre pour la marche du lendemain, je fus avisé qu'un médecin et quelques infirmiers s'étaient approchés du village d'Adigrat (à 500 mètres du fort) pour y rechercher quelques blessés que l'on disait s'y être réfugiés. Le médecin et les infirmiers furent accueillis à coups de fusil par les habitants du village. J'envoyai immédiatement de ce côté la compagnie du train indigène et en un instant le village fut incendié. La nuit se passa tranquillement. Le lendemain matin rien ne faisait croire à une attaque des rebelles. L'arrivée du bataillon Valli avait eu des effets salutaires.

Je sortis du fort avec la même caravane que le jour précédent, mais elle n'était chargée que de vivres. Je n'avais pas cru prudent de risquer la caisse dans une marche assez longue que j'espérais faire avec succès, mais qui pouvait aussi mal finir.

A 10 heures du matin, j'arrivai, avec la caravane, au col d'Alequà, où je réapprovisionnai en vivres le bataillon Valli. Peu d'instants après, je poursuivis ma route vers Mai-Mergaz, au milieu des cadavres des nôtres, tombés deux jours auparavant pendant l'affaire d'Alequà. Une compagnie du bataillon Valli augmenta notre escorte.

Vers 4 heures de l'après-midi, j'atteignis Mai-Mergaz, sortant ainsi le commandant d'étape de ce poste de la situation critique dans laquelle il se trouvait depuis plusieurs jours, en gardant le dépôt des vivres qui y avaient été laissés. Nous n'étions pas encore arrivés à Mai-Mergaz que les communications avec Alequà étaient déjà interrompues comme nous l'apprenaient les coups de fusil échangés à l'arrière-garde.

Nous passâmes la nuit à Mai-Mergaz après avoir naturellement pris toutes les mesures de sûreté nécessaires pour mettre à l'abri de la cupidité des rebelles la grande quantité de vivres que la caravane transportait. Malgré un échange continuel de coups de fusil qui dura toute la nuit, malgré les aboiements des chiens qui nous indiquaient sûrement des mouvements de troupes, il ne se produisit aucun incident digne d'être signalé.

Le matin suivant, 19, la caravane s'augmenta des animaux et des vivres qui se trouvaient à Mai-Mergaz et qui atteignaient le total de 700 quadrupèdes (chameaux, mulets ou ânes) avec environ 800 quintaux de provisions. La caravane prit la route d'Entiscio ainsi que l'intendance et elle ne fut plus inquiétée. La grosse caravane arriva le même jour à Mai-Gabéta, et le jour suivant, 20, à Sauria, où le corps d'opération se trouvait depuis le 12 et au moment où les vivres commençaient à manquer. Pendant ce temps, l'intendance, avec le soussigné, qui, le 19 au soir, se détachant de la caravane, avait fait une pointe sur Sauria pour conférer avec le général en chef, se portait, le 20, de Mai-Gabéta à Mai-Maret, où, après trois jours de suspension forcée, elle pouvait enfin reprendre ses fonctions.

Mai-Maret, largement pourvu de vivres, comme on le voit, avait été, pendant la nuit, l'objet d'une attaque des rebelles, mais cette alarme n'eut pas de suite. Toutefois le dépôt de vivres, qui était installé à l'air libre, avait été mis sens dessus dessous. On s'occupa de suite à réorganiser le magasin et, au bout de trois jours, l'intendance reprenait sa marche; dans la journée du 23, elle arrivait à Adi-Caiè, où elle s'installait.

L'intendance à Adi-Caiè. — Le 23 au soir, un avis du commandant en chef arrivait à Adi-Caiè pour nous prévenir que le corps d'opération devait, le lendemain matin, commencer sa marche en retraite et se replier sur Adi-Caiè. A l'intendance, où l'on ne connaissait pas la situation stratégique et tactique mais au contraire la situation logistique, cette communication fut accueillie avec un véritable sentiment de soulagement.

Et il ne pouvait pas en être autrement.

Les animaux pour les transports manquaient toujours et plus que jamais, car bien des chameliers fuyaient avec leurs chameaux, pour se soustraire à un service extrêmement pénible et pour échapper au danger de tomber dans les embûches des rebelles. La plupart des animaux qui nous restaient étaient dans un état à faire pitié. Leurs propriétaires et leurs conducteurs réclamaient, tour à tour, en suppliant et en protestant énergiquement, un repos que l'on ne pouvait presque jamais accorder à leurs bêtes. On ne savait comment faire ; les arrivées de Massaouah se faisaient de plus en plus rares, les magasins étaient presque vides. La crise devenait de plus en plus aiguë et la situation était de plus en plus inquiétante, si bien qu'elle nous faisait craindre une catastrophe prochaine si l'on ne pouvait pas y remédier en temps opportun. Et le remède attendu nous semblait être l'ordre de battre en retraite. Pourtant cet ordre devait être rapporté quelques heures plus tard.

La situation ne faisait qu'empirer. Le soussigné, qui déjà depuis longtemps se préoccupait d'un semblable état de choses, ne manquait pas de le signaler au commandant en chef. Mais celui-ci, de son côté, guidé par d'autres motifs et ne s'inquiétant que du but qu'il se proposait, continuait à réclamer des vivres : il demandait, il menaçait, il faisait un dernier appel aux efforts de tous pour que *l'on n'imposât pas aux troupes du corps d'opération une humiliante retraite!* Mais que pouvait-on faire si les moyens de transport manquaient absolument? L'intendance pouvait bien en réclamer, mais elle n'avait aucun moyen d'en obtenir ou de s'en procurer. Seul le vice-gouverneur pouvait envoyer, de Massaouah, des animaux et des vivres, car la

région ne pouvait rien offrir de plus que ce qu'on aurait
pu lui demander en temps normal. Le vice-gouverneur,
de son côté, devait lui aussi manquer de moyens de transport, car depuis longtemps il protestait énergiquement en
disant que si on ne lui renvoyait pas les bêtes de somme et
de trait, il se verrait dans l'obligation de suspendre les
ravitaillements. Et non seulement on ne pouvait pas renvoyer à Massaouah un seul quadrupède, mais les animaux
qui se trouvaient, à la fin de février, employés à Adi-Caiè
étaient insuffisants, il en manquait beaucoup trop même
pour pouvoir assurer le ravitaillement journalier du corps
d'opération.

En tenant compte de tous les quadrupèdes venant de
l'arrière, qui avaient été dirigés sur le corps d'opération
depuis la fin de janvier et en déduisant toutefois ceux qui
avaient été affectés au service des corps, l'intendance aurait dû trouver, à son arrivée à Adi-Caiè, environ 5.000
chameaux. Le 25 février, en réunissant toutes les situa-
tions, on en trouvait à peine 2.300, alors que pour assurer
journellement le nécessaire, le strict nécessaire, au corps
d'opération, il fallait au moins 3.000 chameaux pour aller
de Adi-Caiè jusqu'à l'armée!

Trois jours après, les 2.300 n'étaient plus que 1.700!
Qu'étaient donc devenus les autres? Ils étaient morts
d'épuisement et de fatigues, ou bien ils avaient pris la
fuite. Les chameliers, voyant que leurs remontrances,
leurs prières et leurs protestations ne servaient à rien,
avaient pris le système, assurément efficace, de se sauver.
Et la chose ne leur était pas difficile, car, la nuit, les chameaux et en général tous les animaux étaient laissés en
liberté. On ne pouvait pas faire autrement que de les
laisser libres pour qu'ils pussent profiter des quelques
maigres pâturages qu'ils rencontraient çà et là, et si on les
avait enfermés, au lieu de succomber d'épuisement, ils
seraient morts de faim. Encore fallait-il s'éloigner de plu-

sieurs kilomètres du lieu de rassemblement, et les officiers chargés des caravanes n'avaient que des moyens absolument insuffisants pour les faire surveiller.

Que dire des vivres, qui, dans ces jours funestes, furent abandonnés sur les chemins, perdus, pris ou volés? Et pourtant il fallait aller de l'avant, toujours aller de l'avant. Mais la solution de la crise ne pouvait tarder. Quelle serait-elle?

Le corps d'opérations fit mine de reculer deux jours après celui où le premier ordre de battre en retraite avait été donné. Mais ce ne fut encore qu'une affaire de quelques heures, et vite un nouveau contre-ordre remettait les choses dans les mêmes conditions qu'auparavant.

Abba-Garima. — Ce fut au milieu de ces douloureuses circonstances que, le matin du 2 mars, un télégramme de Mai-Maret nous donna les premières nouvelles du désastre de Abba-Garima, qui nous fut confirmé, un peu plus tard, vers 10 h. 1/2, par le capitaine Caviglia et le lieutenant Bodrero. Ces deux officiers venaient du champ de bataille et arrivaient à Adi-Caiè.

Le corps principal était dispersé. Une dépêche de Mai-Haini annonçait que des débris d'unités se repliaient sur Coatit et Saganeiti.

L'intendance pouvait alors disposer en tout de 800 chameaux, chargés de vivres. Ceux-ci, dernières ressources de l'arrière, montaient, en ce moment, de Mahio sur le haut plateau. Il y avait encore environ 800 chameaux qui étaient partis de Adi-Caiè, depuis deux ou trois jours, portant au corps d'occupation les derniers restes du magasin de cette place; à ce moment, ils devaient se trouver aux environs de Mai-Maret, d'où nécessairement ils devaient revenir. Enfin 300 ou 400 chameaux se trouvaient à Adi-Caiè épuisés de fatigue et prenant un peu de repos en attendant qu'il fût possible de les charger, à leur tour, et de les envoyer en avant.

J'eus l'idée de réunir tous ces chameaux, en chargeant ceux qui étaient à vide de tout ce qu'il était possible de porter en arrière et de diriger cette caravane sur Hammamo, d'où j'aurais pu, suivant les circonstances, organiser des ravitaillements pour les envoyer soit sur Adi-Caiè, soit plus probablement vers Saganeiti. Et je pris des mesures en conséquence.

L'Intendance se replie sur Massaouah. — Pendant ce temps-là, le 2 mars au soir, l'intendance se repliait sur Mahio. Déjà, depuis le 25 février, on avait réuni dans cette localité, en employant la route de Chersaber : la direction du service de l'équipement avec plus de 1.200 ballots d'effets ; le service de la caisse avec environ 1 million en numéraire ; le service de l'artillerie avec une bonne partie du matériel emmené d'Adigrat, et enfin le service postal.

Le 3 au matin, l'intendance recevait un avis de Adi-Caiè, lui annonçant que le gouverneur venait d'arriver, ce matin même, en cette localité, que le 4 il serait à Saganeiti et le 5 à Asmara. Du corps d'opération, des fractions que l'on disait se retirer sur Saganeiti, rien, absolument rien ! Où se trouvaient-ils ? où avaient-ils été dirigés ? comment vivaient-ils ? Aucune nouvelle ! On savait toutefois que de nouveaux bataillons venus d'Italie étaient concentrés ou allaient se concentrer à Asmara.

De Mahio, position insignifiante et en outre peu sûre, l'intendance, dans la nuit du 3 au 4, continua à se replier sur Illalia, pendant que l'immense caravane de 2.400 chameaux exécutait le même mouvement. Cette caravane s'était formée chemin faisant et était tout ce qui restait des moyens de transport qui, en partant de l'arrière, faisaient le service de cette ligne de ravitaillement.

Les 400 ou 500 chameaux qui, le 1er mars, devaient se trouver dans le voisinage du corps d'opération avaient été enveloppés dans le désastre et dispersés.

A Illalia, l'intendance était informée de l'arrivée à Massaouah du général Baldissera et de sa prise de possession du commandement en chef.

Comme on n'avait toujours pas de nouvelles du corps d'opération dispersé, comme on n'avait pas de guides et comme on ne savait comment orienter et reprendre le service des ravitaillements, déjà suspendu depuis quatre jours, l'intendance, dans la nuit du 4 au 5, se replia de nouveau sur Archico. Ce fut dans cette localité qu'elle reçut l'ordre du commandant en chef de s'établir à Massaouah.

L'Intendance à Massaouah. — Une fois installée à Massaouah, l'intendance réorganisa son service sur de nouvelles bases. Et comme on avait grand besoin d'un personnel, auquel on ne savait comment suppléer, on supprimait toutes les directions et l'intendance en assumait toutes les attributions.

Les 2.400 chameaux environ, qui, comme on le voit, avaient été ramenés à Massaouah par la voie de Mahio, après avoir déchargé à Saati les denrées et le matériel qu'ils portaient, étaient tous, du 8 au 15 mars, rendus à l'entreprise à laquelle ils appartenaient et à laquelle ils avaient été précédemment et successivement réquisitionnés. En faisant de nouveaux achats, l'entreprise se mettait en mesure de reprendre activement son service et en outre on commençait à recevoir d'Italie des mulets en quantité et l'on en attendait encore beaucoup d'autres.

Concentration du corps d'opération à Asmara. — Pendant ce temps-là, le nouveau corps d'opération se constituait autour d'Asmara. Adi-Ugri et Saganeiti étaient toujours en notre pouvoir ; Adi-Caiè, sans doute pour des raisons d'opportunité, avait été évacué vers le 10 mars ; Adigrat était toujours isolé.

C'est ainsi que commençait la seconde période de la campagne, que l'on peut, à son tour, considérer comme partagée en trois phases distinctes : en mars, la concentration à Asmara ; en avril, le déplacement vers Adi-Caié ; en mai, la rapide action sur Adigrat.

Après le départ de la garnison de Adi-Caiè, il n'y avait plus comme ligne de ravitaillement que celle de Massaouah - Asmara - Saganeiti, ayant des embranchements sur Adi-Ugri et Keren.

Vers le 20 mars, à cause des mouvements des Derviches autour de Kassala, on avait envoyé de ce côté plusieurs bataillons indigènes pour soutenir celui qui déjà s'y trouvait. Depuis ce moment, cette zone fut comprise dans le théâtre d'opération et par suite passa sous la juridiction de l'intendance, de même que, en s'installant à Massaouah, l'intendance avait naturellement étendu son autorité sur tout le territoire qui, de Massaouah, va vers l'Abyssinie. En un mot, l'action de l'intendance se faisait sentir dans toute la colonie.

Là encore, l'intendance se trouva dans le même cas qu'à Adigrat. Il y avait des services déjà établis qui fonctionnaient, sans répondre ou en répondant incomplètement à leur but. Il fallut les organiser différemment, afin d'obtenir l'uniformité d'action. Il y eut, par suite, une certaine période d'orientation, d'incertitude, de réclamations et de modifications avant d'atteindre la régularité nécessaire au bon fonctionnement des divers services en question.

Le corps d'opération commence son déplacement vers Adi-Caiè. — La situation générale s'étant suffisamment améliorée, le corps d'opération commença, vers la fin de mars, à déplacer son centre de gravité vers Saganeiti et Adi-Caiè. On vit tout de suite quel était le but d'un semblable mouvement, le seul qu'il fût possible d'atteindre en ce moment et dans de semblables conditions : la libération de la garnison d'Adigrat. De fait, les dispositions successives du commandant en chef firent voir bientôt que c'était là son objectif.

Au commencement d'avril, pendant que l'on donnait plus

d'activité à la ligne de ravitaillement de Saganeiti, on commença à réorganiser la ligne d'étapes Massaouah - Illalia - Adi-Caiè et l'on procédait activement ou tout au moins on décidait de procéder activement à la constitution d'importants magasins de vivres dans cette dernière localité.

Cette fois encore les animaux vinrent à manquer pour les transports. Cette pénurie, contre laquelle eurent toujours à lutter le commandant en chef et l'intendance, fut cette fois rendue plus complète par la peste qui s'était déclarée et qui se propagea rapidement chez les mulets italiens, surtout dans la première quinzaine d'avril. Ce manque d'animaux et, par suite, le manque de vivres qui en fut la conséquence immédiate, rendirent très lent le mouvement de déplacement déjà commencé, si bien qu'il fallut le mois d'avril tout entier pour qu'il pût s'achever et pour que l'on finît de concentrer auprès de Adi-Caiè, en passant par Asmara, Gura et Saganeiti, tout le corps d'opération (sauf, bien entendu, les troupes des garnisons de 2ᵉ ligne).

Le nombre d'animaux mis à la disposition de l'intendance pour le service des ravitaillements était notablement supérieur à celui que l'on avait employé, dans la première période de la campagne, pour le corps d'opération, mais l'effectif du nouveau corps était aussi bien plus considérable. Au commencement d'avril, comme on le sait, il se composait de : 40 bataillons blancs, 6 bataillons indigènes, 11 batteries de montagne (dont 2 indigènes), 7 compagnies du génie, 3 compagnies du train, sans compter les fractions moindres et les troupes hors cadres. Le corps d'opération avait un peu plus de 4.000 animaux appartenant soit aux officiers, soit aux batteries, soit aux convois. Il faut encore tenir compte que, pour un ravitaillement à peine suffisant, il fallait transporter, par jour, au corps d'opération, de 600 à 700 quintaux de denrées! Et cela sans compter les réapprovisionnements pour tous les autres services, dont quelques-uns, comme on peut facilement se l'imagi-

ner, étaient très importants. Le manque de moyens de
transport, dont nous avons parlé plus haut, était encore
accru par la nécessité de constituer de gros dépôts de vivres, en certains magasins, ainsi que par les déplacements
latéraux des grosses unités qui rendaient, sinon inutiles,
tout au moins non utilisables pour le moment, d'importantes quantités de vivres déjà envoyés dans d'autres directions ou accumulés dans d'autres localités.

C'est en cette circonstance, principalement, que se mani-
festa l'inconvénient d'une entreprise de transports en temps
de guerre. En effet, cette entreprise est trop naturellement
intéressée à conserver ses animaux, et cela au détriment
de la célérité des mouvements des transports d'où peut
dépendre, à un moment donné, le succès d'une opération importante. Dans la dernière décade d'avril principalement, alors que la situation militaire permettait au
corps d'opérations de marcher hardiment vers Adigrat,
qu'il fallait délivrer, l'armée était contrainte à l'inaction, à
l'immobilité, à cause du manque des vivres indispensables.
Le service des ravitaillements, sur la ligne Massaouah-
Illalia-Adi-Caiè était assuré, en grande partie, par l'entreprise, ainsi que pour Saganeiti et pour Keren ; tandis que
les ravitaillements d'Asmara se faisaient, à grand'peine,
au moyen des mulets militaires, parmi lesquels l'épuisement et le typhus faisaient de nombreuses victimes. Quelques milliers de chameaux militaires complétaient le service sur les différentes lignes. Pendant que des milliers de
quintaux de denrées avaient été expédiés de Massaouah
vers Adi-Caiè dans la première quinzaine d'avril, vers le
20, il n'en était arrivé à destination qu'une partie insignifiante et dérisoire.

Le cahier des charges permettait à l'entreprise d'effectuer ce parcours en douze jours, tandis que les caravanes
militaires, qui y furent employées dès que cela fut possible, purent accomplir le même trajet d'une façon normale

en· six jours et exceptionnellement en cinq et même en quatre jours. Les animaux s'épuisaient, il est vrai, mais le service allait très vite, et c'était là l'important.

La situation devenait critique, dans la seconde quinzaine d'avril, à la suite de retards qui pouvaient compromettre non seulement l'issue finale de l'opération, mais encore le succès de la campagne ; et comme Adi-Caiè était le point où il fallait concentrer tous les efforts, on envoya des officiers sur toutes les lignes de ravitaillement qui convergeaient sur Adi-Caiè (par Illalia, par Saganeiti, par Zula). On accéléra, à tout prix, la marche des caravanes de l'entreprise, on fit diriger de ce côté, comme je viens de le dire, un grand nombre de caravanes, surtout militaires, au détriment de la ligne d'Asmara et des autres garnisons auxquelles on prescrivit de pourvoir à leurs besoins, comme elles le pourraient, pendant quelques jours, en attendant que la question d'Adigrat fût résolue et que l'on eût reçu les autres moyens de transport que l'on avait demandés et qui ne pouvaient tarder à être disponibles. Ainsi fut fait. En peu de temps, dans les cinq derniers jours d'avril, le magasin de Adi-Caiè eut des vivres en abondance. La division del Mayno, qui depuis longtemps était immobilisée à Gura, put se réunir à la division Heusch, à Adi-Caiè, et les deux divisions se dirigèrent vers Adigrat qu'elles atteignirent ensemble, au commencement de mars.

Le corps d'opérations marche de Adi-Caiè sur Adigrat. — C'est alors que commencèrent à arriver à Massouah les nombreux animaux (plus spécialement des chameaux) qu'au milieu de la crise dont nous avons parlé et dans la prévision que les opérations pourraient traîner en longueur, on avait achetés à grand'peine, de toutes les façons, de tous les côtés, à n'importe quel prix, dans le but de sauver la situation qui en ce moment semblait dépendre uniquement de la question des transports.

On commence le rapatriement. — L'objectif militaire que

l'on s'était proposé ayant été atteint, dès le 10 mai, on commença le rapatriement des garnisons de 2e ligne et cette opération continua, avec une intensité toujours croissante, pour.le reste du corps d'opérations (sauf pour les quelques troupes très peu nombreuses destinées à rester dans la colonie). Les opérations du rapatriement furent terminées le 20 juin, date à laquelle s'embarqua le dernier bataillon.

Les marches de retour s'effectuèrent pour le corps d'opé-rations simultanément par les deux lignes Adi-Caié - Illa-lia - Massaouah, et Adi-Caié - Saganeiti - Aidereso - Saati - Massaouah. La plus grande affluence que l'on remarqua au point d'embarquement eut lieu dans la première décade de juin.

Le 22 du même mois, l'état-major du commandant en chef était licencié et l'intendance cessait de fonctionner à la même date.

Massaouah, le 3 juillet 1896.

Le lieutenant-colonel ex-intendant du corps d'opération.
Signé : Ripamonti.

FIN

TABLE

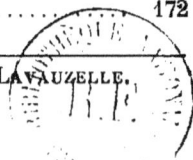

Paris et Limoges. — Imp. milit. Henri Charles-Lavauzelle.

21 october 15

www.ingramcontent.com/pod-product-compliance
Lightning Source LLC
Chambersburg PA
CBHW071955090426
42740CB00011B/1946